OBSERVATIONS

Sur la séparation & le divorce Judaïques,

POUR le sieur SAMUEL PEIXOTTO;

CONTRE la dame SARA MENDÉS D'ACOSTA.

Deux époux se présentent dans le temple de la Justice. Ils sont nés l'un & l'autre de parens Juifs, professent l'un & l'autre la religion Juive, & ont été mariés selon le rit & avec les formalités judaïques. Tous deux sont mécontens du nœud qui a joint leurs destinées ; tous deux aspirent au bonheur de s'y soustraire ; mais ils ne se réunissent que dans l'expression de la douleur & des regrets, ils sont divisés sur le genre & la nature de leurs prétentions.

La femme soutient que son mariage, quoique contracté selon le rit hébraïque, n'en est pas moins indissoluble, & qu'elle doit porter jusqu'au tombeau le nom & la qualité d'épouse du sieur Peixotto ; mais elle demande qu'en laissant subsister ce mariage, on l'arrache en même tems à son joug tyrannique, en prononçant, entr'elle & son mari, une séparation de corps & de biens.

Le mari, au contraire, soutient qu'une séparation de corps

A

& de biens eſt inadmiſſible dans la loi Juive, & que c'eſt le divorce qui, dans cette loi, ſépare les époux mal-unis ; en conſéquence, il a donné le libelle de divorce à cette femme, qui l'a juſtifié elle-même, & rendu pour ainſi dire néceſſaire par ſa demande en ſéparation, & il prétend avoir briſé par-là tous les liens qui l'attachoient à elle, & qui ont fait le malheur de ſa vie.

Enfin, la femme invoque les uſages, les mœurs, les loix du Gouvernement François ſous lequel elle vit, qui ne connoît, ni n'admet, ni ne tolere le divorce, & où il y a des loix civiles & religieuſes qui le proſcrivent, le condamnent & le puniſſent.

Le mari, au contraire, réclame les priviléges, les uſages, les mœurs, les loix de ſa Nation, d'après leſquels *les Juifs ſont admis à exiſter en France*, & d'après leſquels par conſéquent doivent être jugées, même dans les Tribunaux François, les conteſtations qui s'y élevent entre des Juifs.

Lequel de ces deux ſyſtêmes doit être préféré ? Eſt-ce le divorce, eſt-ce la ſéparation qu'il faut admettre ? Le divorce a-t-il été permis & autoriſé par la loi Judaïque ? La ſéparation de corps & de biens eſt-elle conforme ou contraire à cette loi ? Enfin, qu'ils y ſoient l'un & l'autre contraires ou conformes, eſt-ce d'après la loi des Juifs qu'il faut juger les Juifs exiſtans en France, où faut-il les juger ſuivant les loix des François ? Telles ſont les queſtions que préſente cette cauſe importante qui intéreſſe également l'humanité, la religion, la patrie, & embraſſe pour ainſi dire dans ſa vaſte étendue, le droit de la nature, le droit de la ſociété, le droit des nations, & le ſyſtême général de la légiſlation Françoiſe. Heureux ſi nos efforts pouvoient atteindre à la hauteur de cette cauſe, & nos recherches n'être pas inutiles à ſa déciſion !

PREMIERE QUESTION.

DU DIVORCE.

A-t-il été permis & autorisé par la loi des Juifs ?

C'est une question agitée parmi les Théologiens de sçavoir si le mariage est nécessairement & de soi-même indissoluble. L'indissolubilité tient-elle à la nature & à l'essence du mariage, ou n'y est-elle attachée, que parce que Dieu l'a voulu & ordonné ainsi ? . . . . . Quelque opinion que l'on embrasse à cet égard, on conviendra sans doute, que pour des raisons dignes de sa sagesse éternelle, Dieu pouvoit dispenser de cette loi le peuple qu'il s'étoit choisi, soit qu'on la considere comme loi naturelle, soit qu'on ne la regarde que comme loi positive.

Dieu pouvoit accorder cette dispense, cela est incontestable. Dieu l'a-t-il réellement accordée ? C'est ce qu'il faut examiner.

J'ouvre le Code sacré de la législation sainte, & je trouve au Chap. XXIV du Deuteronome :

Si acceperit homo uxorem & habuerit eam (ou bien habitaverit ei selon la version des septantes) & non invenerit gratiam ante oculos ejus propter aliquam fœditatem, scribet libellum repudii & dabit in ma-

Si un homme a épousé une femme, & qu'ayant vécu avec elle, elle n'ait pas trouvé grace à ses yeux à cause de (quelque tache ou de quelque défaut *) il écrira un libelle de divorce, le mettra entre les mains de sa

---

✝ La Bible de Cologne traduit: *quelque défaut honteux ;* celle des Docteurs de Louvain, *quelque laide tache :* les autres Traducteurs adoptent tous ou *défaut* ou *tache :* nous avons admis l'une & l'autre version pour ne rien tronquer & ne rien affoiblir.

num illius & dimittet eam de domo fuâ.

Cumque egreſſa, alterum maritum duxerit, & ille quoque oderit eam, dederitque ei libellum repudii & dimiſerit eam de domo fua vel certe mortuus fuerit, non poterit prior maritus recipere eam in uxorem, quia polluta eſt & abominabilis facta eſt coram domino. (Le texte Hébreu, * le texte Caldéen, & la verſion des ſeptantes portent: *Quoniam abominatio eſt hoc ante Dominum.*) *Ne peccare facias terram quam Dominus Deus tuus tradiderit tibi poſſidendam.*

* Voyez Dom Calmet ſur ce paſſage.

femme, & la renvoyera hors de ſa maiſon.

Que ſi étant ainſi renvoyée, elle épouſe un autre mari, & que ce ſecond conçoive auſſi de l'averſion pour elle, & qu'il la renvoye encore hors de ſa maiſon, après lui avoir donné un écrit de divorce, ou s'il vient même à mourir, le premier mari ne pourra plus la reprendre pour ſa femme, parce qu'elle a été ſouillée, & que ce ſeroit une abomination devant le Seigneur: ne ſouillez point (par un tel péché) la terre dont le Seigneur votre Dieu vous doit mettre en poſſeſſion.

Peut-on rien de plus poſitif & de plus formel ? Un homme ſe marie, ſa femme ne trouve pas grace à ſes yeux, il n'a qu'à écrire une lettre de divorce & la renvoyer, *ſcrbet libellum repudii, & dimittet eam de domo ſua.* N'eſt-ce donc pas là la permiſſion la plus expreſſe & la plus étendue de pratiquer le divorce ?

Ce n'eſt pas tout, cette femme ainſi renvoyée ſe remarie, *cumque egreſſa alterum maritum duxerit.* Donc ce renvoi n'eſt pas une ſimple ſéparation! donc le divorce rompt le mariage, & rend l'un & l'autre époux à ſa liberté premicre !

Ce n'eſt pas tout encore; cette femme ainſi renvoyée, remariée enſuite à un autre époux, eſt encore répudiée par celui-ci, & *ille quoque oderit eam, dederitque ei libellum repudii, & dimiſerit eam de domo ſua.* Donc ce droit de la répudiation appartient à tous les époux ; donc chacun d'eux a le pouvoir de l'exercer.

Ce n'eft pas tout encore ; cette femme mariée à un premier mari qui l'a répudiée, remariée après ce divorce à un fecond qui l'a répudiée de même, cette femme peut fe remarier de nouveau. Il n'y a que fon premier mari à qui il foit défendu de la reprendre. *Non poterit prior maritus recipere eam in uxo-rem.* Donc chaque fois que le divorce s'exerce, le mariage fe rompt ; donc à chaque divorce la femme & l'homme redeviennent libres ; donc chacun d'eux a le droit de contracter de nouveaux liens ; il ne leur eft défendu que de fe remarier enfemble, mais ils peuvent fe remarier avec toute autre perfonne.

Encore une fois, peut-on rien de plus pofitif & de plus formel ? Ce texte, les détails qu'il renferme, les conféquences qui en réfultent, tout n'établit-il pas, de la manière la plus inconteftable, que la loi du divorce, loi deftructive du premier mariage, loi donnant la faculté d'en contracter un fecond, a été réellement accordée aux Juifs par le Légiflateur fuprême, maître de les difpenfer de celle de l'indiffolubilité.

Vainement oppofant à la force de ces preuves la défenfe faite au premier mari de reprendre la femme qu'il a répudiée, & qu'un autre répudie à fon tour, s'efforce-t-on d'en conclure que le mariage n'eft pas rompu par le divorce, & que la femme répudiée commet un adultere en formant de nouveaux engagemens, puifque la loi dit qu'elle s'eft fouillée & que c'eft une abomination aux yeux de Dieu. *Quia polluta eft & hoc abominatio eft ante Deum.*

Il ne faut pour réfoudre cette objection que réfléchir un inftant au genre & à la qualité de la défenfe. Sur qui tombe-t-elle en effet ? Eft-ce fur tout homme indiftinctement ? Non ; mais fur le mari feul, qui ayant eu cette femme, qui ayant vécu avec elle, l'a renvoyée de fa maifon & l'a jettée lui-même dans une maison & dans des bras étrangers. Elle est devenue impure, souillée pour lui, *polluta est*. Elle a été à lui, elle a été à un autre époux; il ne peut donc plus retourner à elle, & ce seroit une abomination aux yeux du Seigneur, *& hoc abominatio est ante Deum*. Mais tout autre Israélite a le droit de la choisir pour épouse, pour tout autre elle est libre, pour tout autre elle est pure, pour tout autre il n'y a ni souillure ni abomination, pour tout autre il n'y a point de défense, pour tout autre la loi se tait, ou plutôt elle suppose que tout autre peut l'épouser, *cumque egressa alterum maritum duxerit*. La défense n'existe & la loi ne parle donc que pour interdire au premier mari le retour à ces nœuds illégitimes.

Eh! que seroit-ce en effet qu'un renvoi, un divorce avec une femme que l'on pourroit recevoir & reprendre ensuite, si ce n'est une source de déréglemens & un commerce d'infamie? A Sparte, où sur les débris de l'humanité & de la nature, s'étoit élevé l'amour de l'état & l'enthousiasme de la patrie; à Sparte où les hommes n'étoient ni à eux ni à leurs familles, mais tout entiers à la chose publique; à Sparte où les femmes cessoient d'être épouses & meres pour n'être que citoyennes; à Sparte * un mari prêtoit publiquement sa femme à celui qu'il jugeoit plus propre que lui à donner à l'état des enfans robustes, & recevoit sans honte une autre femme en échange, pour tenter de devenir pere avec elle. Ce que le délire du patriotisme avoit introduit chez les Spartiates, le divorce l'eut introduit chez les Juifs, si Dieu ne leur eût défendu de reprendre les femmes qu'ils avoient répudiées; car on conçoit aisément que si un homme eût voulu prêter sa femme à un autre, il n'auroit eu qu'à la répudier, & que celui-ci répudiant la sienne de son côté, chacun d'eux eût épousé celle que le divorce rendoit libre, pour les reprendre & se les rendre ensuite par un nouveau divorce. Voilà l'échange, le crime, l'abomination que

Dieu a voulu prévenir ; c'est-là ce qu'il a défendu réellement ; c'est-là ce qui rendroit un mari abominable à ses yeux, c'est sur cela seul que porte la défense, elle ne concerne donc que le mari, elle est étrangere à tout autre époux.

Qu'il faut bien peu connoître l'esprit & le texte de la loi pour oser dire que la femme répudiée qui se remarioit commettoit un adultere ! L'adultere, parmi les Juifs, étoit puni de mort ; ainsi l'avoit ordonné le Seigneur *. Mais voit - on aucune peine, aucune menace, aucune punition prononcées par la loi contre les femmes répudiées qui contractoient de nouveaux engagemens ? La loi eut-elle donc passé sous silence ce crime & les peines qui lui étoient dues ! La loi qui rapporte ces nouveaux mariages, qui les cite, qui les défend aux premiers Maris, & qui les permet aux autres, *cumque egressa alterum maritum duxerit.... non poterit prior maritus recipere eam in uxorem ;* la loi ne les eut-elle pas dévoués à l'anathême & à la mort, s'ils eussent été réellement des liens adulteres.

*Lévitique, chapitre 20, Deut. ch. 22,

Allons encore plus avant. Au Lévitique, chap. 21 Dieu établit des loix relatives aux Prêtres de son Temple. Le Grand-Prêtre, dit-il, ne pourra épouser qu'une vierge. *Pontifex...... virginem ducet uxorem,* il n'épousera ni une femme deshonorée & de mauvaise vie, ni même une veuve ou une femme répudiée. *Viduam autem & REPUDIATAM, & sordidam atque meretricem non accipiet.* De-là, que de conséquences ! Il y avoit parmi les Juifs des femmes répudiées ; donc le divorce étoit en usage parmi les Juifs ! Ces femmes avoient autant de droit à se remarier qu'en ont les femmes veuves ; donc le divorce, comme la mort, séparoit les époux ! Les Prêtres ne pouvoient se marier ni avec ces veuves ni avec ces répudiées ; donc ceux qui n'étoient pas Prêtres pouvoient épouser des répudiées & des veuves ! Donc encore une fois le divorce existoit, donc il étoit permis, donc il rompoit le lien du mariage & donnoit aux répudiées comme aux veuves, le droit d'en contracter de nouveaux.

Il faudroit résister à l'évidence pour se refuser à la force victorieuse de ces raisonnemens que nous présente le texte seul de la loi. Mais obligé de reconnoître que le divorce a existé parmi les Juifs, on se retranche à disputer sur les causes qui pouvoient le produire & donner au mari le droit de l'exercer. Il falloit, dit-on, pour que la femme subît ce renvoi, qu'elle se fût rendue coupable de quelque vice, de quelque crime ou de quelque action malhonnête, & la loi elle-même l'explique clairement, puisqu'elle dit : Si la femme n'a pas trouvé grace aux yeux de son mari à cause de quelque défaut ou de quelque tache. *Si non invenerit gratiam propter aliquam fœditatem.*

Mais combien cette objection est facile à résoudre ! Que l'on consulte les Rabins qui sçavent l'hébreu, & les Sçavans qui parmi nous se sont livrés à l'étude de cette langue, & ils diront que le mot *aroult*, qui répond dans l'original au mot de la traduction *fœditatem*, ne s'applique jamais à un crime ou à un vice moral, mais seulement à un vice physique, à un défaut corporel, à une infirmité secrette, en un mot à une difformité quelconque. Ainsi le prouvent, disent-ils, les versets 22 du chapitre 9 de la Genese, les versets 19 & 20 du chapitre 20 de l'Exode, le verset 42 du chapitre 28 du même livre, le verset 12 du chapitre 42 de la Genese, les versets 13 & 14 du chapitre 23 du Deuteronome, & une foule d'autres endroits où le mot *aroult* est toujours adapté à un objet physique, & jamais à une action morale d'aucune espece. Ainsi donc cet *aroult*, ce *fœditatem*, cette *tache*, n'est point une restriction au divorce ; ainsi donc il n'exige point un crime de la part de la femme ; c'est un de ses defauts qu'il

exprime,

s'exprime, ou même un mécontentement, un dégoût du mari; & ce défaut, ce mécontentement, ce dégoût, suffit seul pour que la femme, coupable ou non, soit forcée de recevoir le libelle de divorce.

De combien d'autorités nous pourrions étayer cette juste interprétation! Ce que la loi requiert, dit le sçavant Pere Houbigant sur ce passage, n'est point une action malhonnête, mais un défaut corporel dont le mari seul peut être juge. *Aliquid turpitudinis est aliquod vitium in corpore mulieris cujus conscius esse possit solus maritus.* Le Législateur, dit le sçavant auteur *des lettres de quelques Juifs Portugais, Allemands & Polonnois à M. de Voltaire,* ouvrage si estimé & si digne de l'être, » le Législateur laisse le mari seul juge du motif qui l'engage » à répudier sa femme, sans qu'on puisse l'inquiéter, ni le pour- » suivre judiciairement à ce sujet. » Ce motif, ajoute-t-il, » sera fondé sur quelque défaut qu'il aura trouvé en elle; mais » ce défaut, ajoute-t-il encore, relatif à la maniére de penser » du mari, pouvoit être léger en soi; ainsi une femme n'étoit » point déshonorée par le divorce, & elle pouvoit aisément » trouver un autre mari, sur-tout dans un pays polygame. «

Mais pourquoi recourir à des autorités, quand la loi s'explique & se commente elle-même? Au Chap. 22 du Lévitique, Dieu interdit ou permet l'usage des choses saintes & des mets sanctifiés, selon que l'on est pur ou impur, digne d'y participer ou indigne d'y être admis. La fille d'un Prêtre, dit-il, en sera privée si elle épouse quelqu'un d'entre le Peuple & étranger à la race Sacerdotale. *Si filia Sacerdotis cuilibet ex populo nupta fuerit de his quæ sanctificata sunt & de primitis non vescetur.* Mais si elle revient chez son pere, étant ou veuve, ou répudiée, & sans enfans, alors elle recouvrera le droit qu'elle avoit étant fille, & sera admise à la participation des choses saintes. *Sin autem vidua VEL REPUDIATA*

B

& absque liberis reversa fuerit, sicut puella consueverat utetur cibis patris sui. Voilà donc encore une fois une femme répudiée qui revient chez son pere, aussi libre que l'est une femme veuve ; une femme qui perd par la répudiation le titre & la qualité de son mari ; une femme qui par la répudiation, recouvre les droits, les titres, les priviléges qu'elle avoit étant fille . . . & l'on osera soutenir encore que la répudiation n'étoit pas permise chez les Juifs, ou qu'elle ne rompoit pas le mariage ! Mais s'il falloit, comme vous le prétendez, que la femme eût commis quelque crime pour subir cette répudiation, eût-elle donc, étant coupable, été admise par le fait de la répudiation même, à la participation des mets sanctifiés ? Quoi ! ce seroit un crime qui lui auroit rouvert les portes du sanctuaire, & qui l'eût fait asseoir à la table des choses saintes ! Quoi ! vous oseriez dire que Dieu qui l'en avoit déclarée déchue, parce qu'elle avoit fait un mariage peu convenable à sa naissance, l'en auroit jugée digne ensuite, parce qu'elle auroit commis un crime qui auroit rompu son mariage, & excité sa répudiation. Quoi ! couverte d'un divorce qui n'auroit été dans votre système, qu'un signe d'ignominie, elle auroit sans repentir, sans ablution, sans expiation préliminaires, été reçue comme une Vierge, *sicut puella consueverat* à la participation des mets réservés aux enfans chéris & purs ? Ce blasphême n'est-il pas révoltant ? Eh bien, convenez donc que l'on pouvoit être répudiée sans être coupable, & que le divorce indépendant de la bonne ou de la mauvaise conduite de la femme, ne répandoit sur elle aucun opprobre, & ne tenoit qu'à la volonté du mari.

C'est toujours, comme l'on voit, dans le texte de la loi que nous allons chercher nos preuves. Mais quand nous ne les y trouverions pas aussi clairement énoncées, son silence même en seroit une décisive en notre faveur. N'est-il pas évi-

dent en effet, que s'il eût fallu pour pouvoir exercer le divorce, quelque crime, quelque condition, quelque cause nécessaires, ce crime, cette cause, ces conditions eussent été
formellement exprimées par la loi? Seroit-ce sous la dénomi-
nation vague & générique d'aroult, de fœditatem, de tache,
qu'elle les eût désignés, & eût-elle laissé à l'erreur, au caprice, à l'interprétation arbitraire d'en rétrécir ou d'en aug-
menter la sphere & l'étendue? Toutes les législations du monde
expriment taxativement les conditions qu'elles requierent pour
donner ou enlever un droit qu'elles attachent à ces conditions
mêmes. Ainsi chez les Grecs, telle ou telle qualité étoit nécessaire pour parvenir aux charges publiques, & ces qualités
étoient exprimées & comptées par la loi. Ainsi, chez les Romains, tel ou tel vice rendoient un testament nul, & ces vi-
ces étoient exprimés & comptés par la loi. Ainsi parmi nous,
tel ou tel moyen rendent une donation révocable, & ces
moyens sont exprimés & comptés par la loi. Ainsi nos mariages sont sujets à tels ou tels empêchemens qui défendent de
les contracter ou les déclarent abusifs, & ces empêchemens
sont exprimés & comptés par la loi. Par quelle fatalité des
causes aussi graves, aussi intéressantes que celles qui auroient
été nécessaires pour produire ou empêcher le divorce, n'auroient-elles donc pas été exprimées & comptées par la loi
des Juifs? Quoi! cette loi n'auroit permis le divorce que pour
de certaines causes & dans de certaines occasions, & elle
auroit passé sous silence ces occasions & ces causes! Quoi! elle
eût imposé des bornes, des restrictions à l'exercice de ce
privilége, & ces bornes, ces restrictions n'auroient pas été
marquées & tracées par elle-même? De bonne foi, est-ce
la loi Juive, cette loi qui s'adresse à un peuple à qui il
falloit tout dire, cette loi que l'on voit si prévoyante dans
les plus petits détails, & si développée dans les circonstances

les plus légeres; cette loi, en un mot, qui est l'ouvrage de Dieu même, qu'il est permis de foupçonner d'une omiffion auffi dangereufe & auffi funefte?

Voyez l'Efprit des loix au chapitre de la répudiation & du divorce. Quand Solon permit aux femmes d'Athènes de quitter leurs maris, & aux maris de répudier leurs femmes, il n'exprima aucune caufe de répudiation, parce que la volonté de l'une ou de l'autre des Parties, en formoit feule une fuffifante. Mais quand Romulus voulut reftraindre cette faculté dans des bornes & à des occafions prefcrites, lui-même indiqua ces occafions & prefcrivit ces bornes. Il falloit que la femme pour être répudiée eût commis un adultere, préparé du poifon ou falfifié les clefs. Quand la loi des douze tables étendit enfuite ce pouvoir à d'autres circonftances, c'eft par la loi même que ces circonftances furent tracées. Quand les Eglifes Grecques & Proteftantes fe font féparées de la croyance Catholique fur cette doctrine du divorce, elles ont exprimé la caufe, qui, felon elles, peut l'autorifer & le permettre. Par-tout, en un mot, où il exifte une caufe qui détruit un acte, une caufe fans laquelle cet acte ne feroit pas détruit, une caufe avec laquelle marche le pouvoir, au-delà de laquelle le pouvoir s'arrête, cette caufe eft de droit & néceffairement exprimée par la loi. Donc fi la loi de Moïfe n'a point exprimé de caufes particulieres au divorce, c'eft qu'elle ne l'a point reftraint à de certaines caufes; donc ces caufes ne font point effentielles au divorce; donc le divorce peut s'exercer fans elles; donc la volonté du mari eft feule néceffaire & fuffit pour l'opérer.

Plus l'on approfondit cette preuve, plus on voit qu'elle tranche elle feule toute difficulté. N'eft-il pas vrai que s'il eût fallu des caufes, il eût fallu en même tems des Juges pour en connoître? Car de dire qu'il falloit des caufes, mais que le mari feul en reftoit le juge, c'eft dire en d'autres termes qu'il ne falloit pas de caufes.

Un tribunal eût donc été établi pour favoir quand ces caufes fe trouvoient réunies, & quand elles étoient fuffi-fantes pour produire leur effet. Mais ce Tribunal où eft-il ? où en trouve-t-on le plus léger veftige ? de qui devoit-il être compofé ? eft-ce des Prêtres, des Lévites, des anciens du Peuple ? que l'on nous cite la page des livres faints, où ce Tribunal eft ordonné, érigé ou feulement indiqué, & nous avouons à l'inftant notre défaite, & nous renonçons à foutenir plus long-tems l'exiftence & le droit du divorce judaïque ? Mais auffi, fi ce Tribunal n'exifte pas ; fi dans toutes les inftitutions juives l'on n'en rencontre pas même l'apparence ; fi dans toutes les annales de ce Peuple il n'y a pas d'exemple d'une femme & d'un mari comparoiffant au Sanhedrin, l'un pour accufer fa femme d'être dans le cas de la répudiation, l'autre pour réclamer contre cette accufa-tion intentée contre elle ; que l'on avoue auffi qu'il n'y avoit donc point de caufe à alléguer, point de crime à juftifier, point d'inftruction judiciaire à fubir, point de Jugement à obtenir pour avoir le droit d'exercer le divorce.

Voyez avec quelle fcrupuleufe exactitude, Moïfe établit ailleurs tout ce qui concerne la forme des Tribunaux, & comment il regle la marche des inftructions judiciaires ? Voyez, pour n'en citer qu'un feul exemple qui peut s'adapter à notre fujet, comment il veut que l'on procede à l'accufation qu'un mari intente à fa femme qu'il prétend n'avoir pas trouvée vierge.

Au bruit de cette accufation, dit la loi, le pere & la mere de la fille accourront à fon fecours, la prendront avec eux.

Et ferent fecum figna virgini-	Et porteront les fignes de
tatis ejus ad feniores urbis, qui	fa virginité aux anciens de la
in porta funt; & dicet pater : fi-	ville ; & le pere leur dira : j'ai
liam meam dedi huic uxorem;	marié ma fille avec cet homme,
quam quia odit, imponit ei no-	& maintenant, parce qu'il la

men peffimum, ut dicat : non inveni filiam tuam virginem ; & ecce hæc funt figna virginitatis filiæ meæ : expandent veftimentum coram fenioribus civitatis.

Apprehendentque fenes urbis illius virum , & verberabunt illum , condemnantes infuper centum ficlis argenti , quos dabit patri puellæ ; quoniam diffamavit nomen peffimum fuper virginem Ifraël ; habebitque eam uxorem , & non poterit dimittere eam omnibus diebus vitæ fuæ (1).

hait, il lui impute un crime honteux, & dit : je n'ai pas trouvé cette fille vierge ; mais voilà les fignes de la virginité de ma fille : alors ils étendront les vêtemens en préfence des anciens.

Ces preuves faites, les anciens feront faifir & frapper le mari, & le condamneront de plus à payer cent ficles d'argent au pere de la femme, parce qu'il a voulu répandre l'opprobre d'un nom honteux fur une vierge d'Ifraël ; & le mari la gardera pour fon époufe, fans qu'il puiffe la répudier, pendant tout le temps de fa vie.

---

(1) On a cherché à fe prévaloir de ce texte même pour dire que le mari prenant la voie d'une accufation fi rigoureufe pour parvenir à répudier fa femme , c'étoit une preuve qu'il falloit un crime pour avoir le droit d'exercer le divorce ; mais cette diftinction n'eft pas folide. Sans doute que cette accufation conduifoit auffi au divorce, puifqu'elle conduifoit la coupable à la mort , mais elle n'étoit ni effentielle ni même en ufage pour juftifier le divorce ou le produire. Elle étoit diftinguée par fa nature, fa marche & fes fuites de toute autre accufation. Elle étoit le fruit d'une haine féroce, d'une jaloufie fanguinaire ou d'une vengeance terrible. Quand on vouloit perdre fa femme, l'accabler fous les coups de la fureur, de l'ignominie & de la mort, on l'accufoit de n'avoir pas été vierge lors de fon Mariage. Mais quand on ne vouloit que fe fouftraire aux dégoûts qu'elle infpiroit, on lui donnoit le libelle de divorce ; on la renvoyoit hors de fa maifon, & on ne l'accufoit pas. Ces deux manieres n'ont rien de commun. Veut-on une preuve effentielle de cette différence caractériftique ? S'il eût toujours fallu une accufation pour la répudiation, il eût toujours fallu une peine pour punir la femme répudiée. Or il faudroit ne jamais avoir ouvert les livres de Moïfe & l'hiftoire des Juifs, pour ignorer qu'il y avoit au milieu de ce peuple des femmes *répudiées*, des femmes libres par le divorce, & nullement accufées ou punies.

Quod si verum est quod objicit, & non est in puellâ inventa virginitas ; ejicient eam extrà fores domûs patris sui, & lapidibus obruent viri civitatis illius, & morietur, quoniam fecit nefas in Israël. Deut. cap. 22.

Mais si l'accusation du mari est vraie, & que l'on n'ait point trouvé les preuves de la virginité de la femme, les Juges la feront sortir hors de la maison de son pere, & les habitans de la ville la lapideront & la feront mourir, parce qu'elle a commis un crime en Israël. *Au Deut. chap. 22.*

Que de soins, que de précautions, que de détails ! Ici tout est réglé, tout est ordonné, tout est prévu. L'accusateur, l'accusée, ses parens, ses défenseurs, les preuves de son innocence, les Juges, le Jugement qu'ils doivent rendre, rien n'est omis, tout est contenu dans la Loi, & tout doit suivre la marche qu'elle indique. Pourquoi donc tant de différence entre cette instruction & celle que vous exigez pour le divorce ? Pourquoi, s'il faut pour répudier sa femme, des causes, des preuves, une accusation, comme il en faut pour le crime de n'avoir pas porté sa virginité à son époux ; Pourquoi la forme de cette accusation pour le divorce, n'est-elle pas tracée de même que la forme de l'accusation pour la virginité perdue ? D'où vient tant de détail sur l'une & tant de silence sur l'autre ? De grace daignez-nous l'expliquer. Le procès du divorce exigeoit même, par sa nature, d'être traité par la Loi de préférence à celui de la virginité. Le divorce devoit être plus commun, s'instruire plus souvent, se pratiquer par plus de personnes, être plus adapté, en un mot, & aux mœurs & au goût des époux, qu'une accusation capitale, difficile à établir, & qui conduisoit la coupable à la mort. Encore une fois, d'où peut venir ce silence de la Loi ? Eh ! n'est-il pas évident qu'il vient de ce que la première accusation exigeoit des preuves, une instruction, un Jugement, une peine ; au lieu que le divorce n'avoit besoin ni d'instruction, ni de Jugement, ni de crime, ni de peine, ni de preuves, mais ne dépendoit que de la volonté des maris.—Oh combien ils se trompent, devons-nous donc nous écrier avec Grotius, ceux qui pensent que, pour exercer la répudiation, il falloit ou une instruction, ou une Sentence du Juge ! *Errare eos qui putant judæis nocuisse uxorem di-mittere, nisi causâ apud Judicem cognitâ.*

Ce n'est pas qu'il n'y ait eu quelques opinions rabiniques, qui aient fondé le divorce sur une action malhonnête de la femme ; mais elles ont toujours été combattues avec avantage, & solidement réfutées par le grand nombre des autres Rabins & d'un plus grand poids. La dame Sara d'Acosta ne peut l'ignorer ; mais elle prend le parti de rejetter tous les sentimens qui lui sont contraires ; & quant à l'école de Schammaï, qu'elle cite, on lui oppose l'école de Hillel, bien plus fameuse, celle de Maimonide, celle de Bateinora, & celle d'Akiba : ce sont, dit-elle, des écoles pernicieuses, & des Rabins d'une morale relâchée. N'est-il pas commode d'adopter ainsi tout ce qui lui paroît favorable, & de flétrir d'un seul mot tout ce qui lui est contraire ? Mais qu'elle s'inquiété peu des opinions qui lui sont contraires, & qu'elle ne se prévale pas de celles qui lui sont favorables. Tous ces Rabins n'ont envisagé le divorce qu'au for intérieur, & selon le devoir de la conscience ; & c'est du for extérieur, de la liberté légale, de la Puissance civile, que nous devons nous occuper ici. Sans doute qu'il n'est pas permis, dans le for intérieur à un Juif, de renvoyer sa femme sans aucune

forte

forte de raifon; il péche, il offenfe Dieu, s'il fe livre aux caprices d'un cœur déréglé, & c'eft en ce fens que les Prophètes lui ont fouvent reproché fes changemens de femme. Mais qu'il ait ou qu'il n'ait pas des motifs fuffifans, il n'eft tenu d'en rendre compte à perfonne, & il a civilement le droit de faire ufage du divorce; nulle entrave, nulle prohibition, nulle force n'arrête fes defirs, il jouit de la liberté extérieure & de la puiffance de la Loi. Un Chrétien ne péche-t-il pas tous les jours, en fermant l'oreille aux cris du malheureux qui l'implore; mais cela empêche-t-il qu'il n'ait civilement le droit de le renvoyer fans lui rien donner?

Gardons-nous cependant de conclure, avec la dame Sara d'Acofta, que le divorce ne pouvoit s'exercer fans péché, & que quiconque le pratiquoit, devenoit coupable. Comment peut-on hafarder & foutenir une pareille conféquence? Qui eft-ce qui ignore que ce feroit une doctrine impie, d'ofer dire que Dieu a pu permettre un ufage qui n'auroit été fondé que fur un péché, & qui n'eût pu conduire qu'au péché? Non, quelque condefcendance que l'on fuppofe à l'Etre fuprême, pour les foibleffes du Peuple à qui il traçoit des loix, jamais cet Etre faint ne fe feroit prêté, ni par bonté, ni par tolérance, à une action mauvaife; fa nature, fon effence même, y répugnent; & avoir montré le pouvoir d'où le divorce émane, c'eft l'avoir juftifié, c'eft avoir détruit, fans réplique, toutes les imputations qu'on s'eft permis de lui faire.

Il ne doit donc plus refter de doute fur l'exiftence légale & la liberté indéfinie du divorce parmi les Juifs. De combien de preuves nous pourrions néanmoins étayer encore cette vérité, s'il ne falloit enfin mettre des bornes à nos citations! Sans quitter le texte de la loi, nous trouverions

§ C

encore au Deuteronome, chapitre 22, que lorsqu'un homme a abusé par séduction ou par force de l'innocence d'une jeune personne non encore mariée, les Juges devant qui l'affaire sera portée obligeront le séducteur à payer au père cinquante sicles d'argent, & à épouser la fille. Et cet époux, dit la loi, ne pourra la répudier dans aucun tems, mais il sera forcé de la garder toute sa vie. *Non poterit dimittere eam, cunctis diebus vitæ suæ.*

Nous trouverions au même chapitre, Deuteronome 22, un jugement semblable rendu contre le mari dont nous avons déja cité l'exemple, qui succombe dans l'accusation qu'il avoit intentée contre la virginité de sa femme, & il la gardera pour épouse, dit la loi, & il ne pourra la répudier pendant tout le tems de sa vie. *Habebitque eam uxorem & non poterit dimittere eam omnibus diebus vitæ suæ.* Or proscrire le divorce dans ces cas de séduction & de calomnie, n'est-ce pas déclarer ouvertement qu'il étoit autorisé & permis dans les autres circonstances? Car à quoi bon en eût-on fait une défense particuliere s'il eût existé une défense générale? Pourquoi une restriction spéciale dans ces deux cas, si la restriction eût été de droit pour tous les autres; & le pouvoir renfermé en tous tems dans des bornes prescrites & dépendantes du ministere du Juge?

Plus loin nous remarquerions que, lorsqu'un Israélite allant à la guerre, trouvoit une captive jeune & jolie, il pouvoit, après quelques formalités, la prendre pour sa femme, & lorsqu'elle ne lui plaisoit plus, dit la loi, il devoit la répudier, la renvoyer libre, & non pas la maltraiter ou la vendre. *& erit uxor tua. Si autem postea non federit animo tuo, dimittes eam liberam, nec vendere poteris pecunia, nec opprimere per potentiam.* Ici l'on n'auroit pas même la ressource du *fœditatem.* Si l'épouſe ne vous plaît pas, dit le Seigneur, vous la répudierez. Il ne requiert point de motif, il n'exige point de cauſe, il ſuffit qu'elle ne plaiſe pas. *Si non ſederit animo tuo, dimittes eam liberam.*

Si du texte de la loi nous paſſions enſuite aux Commentateurs & aux Peres de l'Egliſe, nous raſſemblerions une foule d'autorités à l'appui de la doctrine que nous défendons. D'un côté nous verrions Tertullien, au livre *de Monogamia*, ch. 9, ne faire aucun douté que le divorce des Juifs ne rompît le lien du mariage, autant que la mort de l'un des deux époux, *tam repudio matrimonium dirimente quam morte, non tenebitur ei, cui per quod tenebatur, abruptum eſt.* De l'autre, nous entendrions S. Auguſtin, celui de tous les Peres qui eſt le plus oppoſé à la diſſolubilité du mariage, rendre compte de la raiſon qui a porté Moïſe à exiger que le divorce ſe pratiquât par un libelle, afin que l'époux, dit ce ſaint Docteur, à la vue de cet écrit, qui alloit donner à la femme le droit de ſe remarier, pût s'appaiſer & changer d'idée, *Cum cogitaret libello repudii dato, jam ſine periculo eam poſſe nubere alteri, facile placaretur,* Ier livre de Serm. Dom. chap. 14, n°. 29. Plus loin, en faiſant remarquer la différence qu'il y a du mariage des Chrétiens auquel l'indiſſolubilité eſt attachée par la grace & l'effet du Sacrement, avec le mariage des Païens, qui peut ſe rompre & ſe diſſoudre par le divorce, ce grand Saint avoueroit que la même permiſſion a été accordée aux Iſraélites à cauſe de la dureté de leur cœur. *Ceterum, aliter ſe habere jura Gentilium quis ignorat, ubi interpoſito repudio, ſine reatu aliquo ultionis humanæ, & illa cui voluerit nubit, & ille quam voluerit ducit. Cui conſuetudini ſimile aliquid propter Iſraelitarum duritiam videtur permiſſiſſe Moiſes de libello repudii. Lib. de bono Conjugali,* chap. 7.

Que feroit-ce, fi parcourant les annales de la nation Juive, nous allions enfuite rechercher les exemples de ceux qui ont pratiqué le divorce ? D'abord nous citerions S. Jofeph, qui, frappé d'étonnement à la vue d'une maternité qu'il ne pouvoit concevoir, médite le projet, non pas d'accufer Marie, il refpectoit trop fes vertus, mais de la quitter & de la renvoyer par un divorce. L'autre Jofeph, Flave l'hiftorien, viendroit avouer qu'il avoit donné le libelle de répudiation à fa femme, parce que fes manieres lui déplaifoient. Des femmes mêmes enviant aux hommes cette reffource de la liberté, ufurperoient un droit qui n'étoit pas fait pour elles ; & Salomé, fœur d'Herode ; Berenice, fœur d'Agrippa ; Herodias, pour époufer un Roi *, enverroient le libelle de divorce à leurs maris ; par-tout en un mot cet ufage feroit exiftant, reconnu, pratiqué fans réclamation, fans murmure...... Mais encore une fois, pourquoi ces autorités, ces citations, ces exemples ? Ne fuffit-il pas des preuves que nous avons raffemblées pour convaincre tout efprit jufte & raifonnable ?

*Voyez les Hift. des Juifs de Jofeph, de Prideaux & de Bafnage.

Il en eft une néanmoins qu'il ne nous eft pas permis de paffer fous filence. Qu'on daigne en pefer toute la force, & c'eft par elle que nous terminons cette difcuffion déjà trop longue.

Jefus-Chrift fait, dans un de fes difcours, le parallele de la doctrine de Moïfe avec celle qu'il vient annoncer aux hommes. Sous l'ancienne loi, dit ce Sauveur des hommes, il étoit dit vous ne tuerez point ; mais fous la nouvelle, vous ne vous mettrez pas en colere & vous n'offenferez pas votre frere. Sous l'ancienne loi il étoit dit : œil pour œil, dent pour dent ; mais fous la nouvelle, vous devez rendre le bien pour le mal, & ne vous venger des injures que par des bienfaits. Sous l'ancienne loi il étoit dit, *que celui qui veut renvoyer fa femme lui donne le libelle de divorce ;* mais fous la nouvelle ; renvoyer fa femme eft un crime, en époufer une renvoyée eft un adultere. .... Voilà donc Jefus-Chrift qui publie hautement que le divorce a exifté fous l'ancienne loi. Il vient, il eft vrai, en profcrire l'ufage, rappeller les hommes à une vocation plus fainte, leur prefcrire déformais des devoirs plus élevés ; mais qui peut ne pas reconnoître dans cette défenfe du divorce faite aux Chrétiens la permiffion certaine qui en avoit été accordée aux Juifs ? *Audiftis quia dictum eft antiquis : quicumque dimiferit uxorem det ei libellum repudii.*

Etonnés de la nouvelle morale de Jefus-Chrift, les Pharifiens s'approchent pour lui tendre un piége & le faire ou changer de langage, ou le mettre en contradiction avec la loi de Moïfe. Eft-il permis, lui difent-ils, à un homme de renvoyer fa femme pour toutes fortes de caufes ? Non, leur répond Jefus-Chrift, l'homme & la femme ne font qu'un, Dieu lui-même les a unis, & l'homme ne peut féparer ce que Dieu a joint. Pourquoi donc, infiftent les Pharifiens, *Moïfe a-t-il dit que celui qui veut renvoyer fa femme lui donne un libelle de divorce ?* ..... Voilà donc une demande qui fuppofe l'exiftence de la Loi du divorce, la connoiffance que les Juifs en avoient, & l'ufage conftant & non réprouvé qu'ils en faifoient ? A cela, que leur répond Jefus-Chrift ? Dit-il que la Loi n'exifte pas ? Dit-il que c'eft un abus qui s'eft introduit dans la Synagogue, une erreur qui n'appartient point à la légiflation de Moïfe ? Ou bien modifie-t-il la propofition ? Dit-il que Moïfe n'a point permis un divorce fi général, qu'il l'a reftraint à de certaines caufes, qu'il l'a foumis à l'infpection du Juge ? Non. Jefus-Chrift avoue que la Loi exifte, & qu'elle a été donnée aux Juifs ; il convient de tous fes effets, de toute fon étendue, mais elle ne *leur a été donnée*, dit-il, *qu'à caufe de la dureté de leur cœur, car il n'en étoit pas ainfi dès le commencement.*

Qu'importe le motif qui le leur ait fait permettre, ce n'eſt pas ce que nous examinons, il n'en eſt pas moins évident par les paroles ſorties de la bouche de Jeſus-Chriſt même, que la permiſſion leur en a été accordée.

Tout autre raiſonnement ſeroit inutile, toute autre preuve ſeroit ſuperfluë. La vérité s'eſt fait entendre, Dieu lui-même a parlé, reſpectons ſes oracles, & terminons cette premiere diſcuſſion.

2°. DE LA SÉPARATION.

A-t-elle été permiſe par la Loi des Juifs?

Il ne faut ni beaucoup de tems ni beaucoup de recherches pour réſoudre cette queſtion. Soit que l'on conſulte les Livres de Moïſe, dépoſitaires de la Loi du Seigneur; ſoit que l'on examine les mœurs des Iſraëlites réunis en corps de Nation, ou des Juifs épars & répandus ſur la ſurface de la terre; ſoit que l'on s'arrête aux opinions mêmes des Rabins, qui ont ajouté tant de commentaires au texte de la Loi; l'on eſt convaincu que dans aucun tems, à aucune époque, ſous aucun rapport d'empire ou de captivité, de grace ou de punition, de fidélité ou de déſobéïſſance, les Juifs n'ont ni connu ni pratiqué, ni admis, ni autoriſé entre mari & femme une ſéparation de corps & de biens. Eh! comment l'auroient-ils ſouffert, eux qui regardent le célibat comme un outrage fait au Créateur, & une infraction des Loix ſacrées de la nature? Eux qui penſent que ces paroles, adreſſées par le Seigneur à Adam & Eve, *creſcite & multiplicamini*, contiennent un commandement formel, dont nul d'entre eux n'a le droit de ſe diſpenſer; eux qui ſe croient auſſi obligés à s'engager dans l'état du mariage, qu'à obſerver le jour du ſabbat; eux qui tiennent pour principe;

que celui qui a atteint l'âge de vingt ans sans prendre femme,
est censé, par cela seul, être en état de péché, eux à qui les
Rabins, les Docteurs, les interprêtes de la Loi crient d'une
voix impérieuse & uniforme : *Malheur à celui qui habite une
maison sans femme, il devient homicide, il détruit l'image du
premier homme, & il est cause que le S. Esprit se retire d'Israël*;
eux, en un mot, qui regardent l'union conjugale moins comme
un doux penchant de la nature, que comme un devoir indif-
pensable de religion ? Comment, avec de tels principes, pour-
roient-ils admettre ou tolérer une séparation qui éleve une
barriere entre l'homme & la femme ; une séparation qui isole
les époux ; une séparation qui les tient éloignés l'un de l'autre,
& qui les renferme chacun à part dans une habitation & sous
un toît étrangers ? Quelle inconséquence, quelle absurdité ne
seroit-ce pas de proclamer la nécessité du mariage avec tant
de force & d'empire, pour permettre ensuite aux époux d'en
tromper la destination, d'en arrêter les effets, & d'en retrancher les obligations & les devoirs ? Quoi ! ils condamnent un
mari qui reste plus de 18 mois éloigné de sa femme, même
pour les affaires les plus importantes, & ils permettoient qu'il
y eût des époux légalement & à jamais séparés l'un de l'autre ?
Anathême à quiconque vit séparé de sa femme. Anathême à
quiconque habite sa maison sans femme : c'est ainsi que s'expriment tous les Rabins, tous les Docteurs, toutes les Synagogues ; & nulle voix de discorde ne s'est élevée jusqu'à présent contre un cri aussi général & aussi respecté.

A cette force prohibitive des préceptes, que l'on joigne
l'autorité des exemples ! Car l'on parcourt envain les annales
entieres de la nation Juive ; l'on se consume inutilement en
efforts & en recherches, pour découvrir parmi ce peuple quelques traces de séparation : pas une ; pas une seule ne vient se

préfenter à l'œil le plus attentif & à l'efprit le plus obfervateur.
Que la dame Sara Mendès d'Acofta & fes Défenfeurs, veuillent
bien nous en citer quelques-unes de connues, de bien avérées,
de bien conftatées par l'hiftoire, car pour nous, nous
avouons, avec franchife, que nous n'avons pu parvenir jufqu'à
préfent à en rencontrer le plus foible veftige. Nous avons
remarqué, comme nous l'avons déjà dit, plufieurs mariages
diffous par le divorce; plufieurs époux fe rendant réciproque-
ment la foi qu'ils s'étoient donnée, pour chercher dans de
nouveaux liens un bonheur qu'ils n'avoient pas rencontré dans
leurs premiers engagemens; mais des féparations! encore une
fois, pas une, pas une feule ne s'eft préfentée à nos regards. Et
comment, en effet, trouveroit-on des féparations là où l'on
rencontre le privilége du divorce? Si ces féparations exiftent,
& ne font que trop communes parmi nous, c'eft que parmi nous
le mariage eft indiffoluble; c'eft qu'il eft un contrat auquel nos
Loix ont attaché une durée égale à la vie de l'un des deux
contractans; c'eft qu'il eft un Sacrement que fon Divin infti-
tuteur n'a pas voulu laiffer expofé aux viciffitudes & au caprice
des paffions, & dont il a ferré lui-même les nœuds, afin que
l'homme ne pût diffoudre ce que la main de Dieu avoit joint.
Lors donc que l'une de ces unions, (fondées le plus fouvent fur
les viles convenances de l'ambition, de l'orgueil & de l'intérêt,
fans aucun égard aux rapports effentiels des goûts, des carac-
teres & des cœurs), n'offre à de malheureux époux que le fpec-
tacle toujours renaiffant d'une humeur incompatible, d'une
haine implacable, d'une fureur menaçante, & réunit aux horreurs du défefpoir les outrages, les perfidies, les dangers, les
noirceurs de toute efpece; alors il faut bien, comme il n'eft pas
poffible de rompre ni de changer cette terrible deftinée, ordon-
ner & permettre une féparation devenue néceffaire au repos, à la
fûreté,

sûreté, à la vie des époux. Mais une séparation ne seroit-elle pas absurde là où le mariage n'est pas indissoluble ? C'est alors le mariage lui-même que l'on sépare, s'il est permis de parler ainsi, c'est son flambeau que l'on éteint, c'est son joug que l'on secoue, & l'une & l'autre des Parties recouvre sa premiere liberté. Aussi voyons-nous les Grecs, les Romains, les Juifs, tous les peuples qui ont connu la Loi du divorce rompre, changer leurs mariages ; mais nous n'en voyons aucun en laisser subsister les nœuds, lorsque les époux se quittent, se séparent, & retranchent toute communication de fortune & d'habitation entr'eux.

Autant le divorce est connu dans la législation Hébraïque, autant les séparations lui sont donc étrangeres. Maintenant, que l'on apprécie, d'après ces principes incontestables, les demandes respectives des Parties.

Fidele à ses usages, fidele à sa religion, fidele à sa loi, le sieur Peixotto n'embrasse, pour échapper à ses chaînes, qu'un moyen connu de ses peres, adopté par eux, employé par eux, & revêtu pour eux du caractere sacré de l'autorité suprême. Si votre femme ne trouve pas grace à vos yeux, a dit la loi, écrivez un libelle de divorce, remettez-le entre ses mains, & renvoyez-la hors de votre maison. Or le sieur Peixotto a écrit une lettre de divorce dont voici la teneur. « Cejourd'hui
» vingt-neuf Mars, à neuf heures du soir, de l'année 1778,
» en comptant depuis l'époque à laquelle on a coutume de
» dater dans ce pays-ci, moi Samuel Peixotto, fils de Jacob
» Peixotto, natif de Bordeaux, sous quelques autres noms &
» surnoms que je sois connu ou que soient connus mes parens,
» ma maison & celle de mes parens, de ma propre volonté &
» sans être aucunement contraint, je vous renvoye & vous
» répudie, vous qui avez été ci-devant mon épouse, Sara
» Mendès d'Acosta, fille de David Mendès d'Acosta,
» native de Kingston, île de la Jamaïque, quels que soient

D

» tous autres noms, furnoms fous lefquels vous puiffiez
» être con̄ue, vous & vos parens, votre maifon & celle de
« vos parens, dès-à-préfent je vous congédie, vous ren-
» voye & vous répudie, afin que vous foyez en votre puif-
» fance, que vous ne dépendiez que de vous par la fuite,
» que vous vous mariez à qui bon vous femblera, & que dès
» aujourd'hui perfonne n'y forme aucun empêchement en
» mon nom, qu'il foit permis à qui bon vous femblera de
» vous époufer. Prenez de ma part le libelle de divorce & de
» répudiation comme un témoignage de votre liberté, & comme
» un acte de divorce fuivant la loi de Moïfe & des Ifraélites.
» Le tout fous les réferves de tous mes autres droits & fans me
» défifter de mes moyens de nullité contre le mariage fait entre
» nous. Fait à Paris en ma maifon, fife à la chauffée d'Antin,
» en préfence de Samuel Levi & de Jacob Presbourg, témoins
» avec moi fouffignés, l'an & jour que deffus. *Signés* SAMUEL
PEIXOTTO, SAMUEL LEVY, JACOB PRESBOURG. Et cet acte
a été remis entre les mains de la dame Sara Mendès d'Acofta,
le fieur Peixotto a donc fuivi fa loi, il a donc accompli fa loi,
il a donc conformé à fa loi fa conduite & fes démarches.

Qu'a fait au contraire la dame Sara Mendès d'Acofta?
Renonçant aux ufages de fes peres pour adopter des ufages
étrangers, elle a réclamé une féparation inconnue dans les
mœurs juives & contraire à la légiflation d'Ifraël. Elle a donc
foulé aux pieds les devoirs de fa loi, elle en a tranfgreffé hautement les préceptes, & ne voulant ni être ni ceffer d'être
la femme du fieur Peixotto, elle a encouru l'anathême lancé
contre ceux qui détruifent l'image du Saint-Efprit; elle s'eft
rendue en un mot parjure à fa religion, parjure à fa nation.

Maintenant, hommes, Magiftrats, citoyens de toutes les
claffes, prononcez. De deux Juifs, dont l'un accomplit fa loi
& l'autre la viole, pour lequel faut-il s'intéreffer? auquel des
deux faut-il donner la préférence?

On a plaidé que les formalités exigées pour le divorce n'ont pas toutes été remplies ; mais où est la preuve que ces formalités sont essentielles ? où est la preuve qu'elles ont été omises (1) ? & d'ailleurs qu'importe ? Si cette lettre particuliere n'étoit pas revêtue de toutes les qualités néceffaires, le fieur Peixotto feroit tenu d'en donner une autre ; mais il ne feroit pas pour cela déchu de fon droit.

Reviendra-t-on à difputer fur les motifs du divorce, & dire que le fieur Peixotto n'en peut alléguer aucun ? Mais, 1°. nous avons démontré que la Loi Judaïque n'exigeoit aucuns autres motifs que ceux qui intérieurement touchent & déterminent le mari : mais 2°. faut-il des motifs, ou n'en faut-il pas pour la demande en féparation de corps & de biens que vous avez formée ? Eh bien ! ces motifs que vous prétendez exiftans & fuffifans, lorfqu'il s'agit d'opérer une féparation, n'exiftent-ils donc plus, ou ne font-ils plus fuffifans lorfqu'il s'agit d'opérer le divorce ? Quoi ! vous alleguez les motifs les plus graves, vous pouffez les cris les plus perçans, il n'y va rien moins que de votre vie & de votre honneur, & tout cela ne feroit bon que pour vous, & tout cela ne pourroit fervir qu'à la féparation que vous demandez, & non pas au divorce qu'a donné le fieur Peixotto. Quelle injuftice d'avoir pour foi des poids & des mefures avec lefquels on ne veut ni juger ni mefurer les autres !

Laiffons donc les ennemis du fieur Peixotto armer contre lui, à force d'intrigues, d'argent & de calomnies, le fanatifme de quelques Juifs dont ils ont acheté les méprifables fuffrages ! laiffons-les publier, pour effayer de le rendre fufpect à fa Nation, qu'il n'a donné le divorce à fa femme que

_____

(1) Le fieur Peixotto a donné le divorce tel que les plus fameux rabins Gamaliel, Schiméon, Maimonide, Surenhufius & une foule d'autres en ont tracé la forme.

pour changer de Religion , & époufer enfuite une Chrétienne:
Qu'importent ces clameurs audacieufes de la haine & de l'impofture ? qu'importent qu'un fieur Pereyre de Bordeaux , &
un fieur Gradis de la même Ville (1) , fe déclarent hautement les protecteurs de la dame Sara Mendés d'Acofta , & les
ennemis acharnés du fieur Peixotto ? Feront-ils changer la
Religion & la Loi qu'ils profeffent eux-mêmes (2) ? & de
quels poids feront leurs libelles & leurs outrages auprès des
textes précis & des difpofitions formelles de cette Loi ? Ils ont
beau s'étayer d'une décifion & d'un anathême ridicules qu'ils

---

(1) Ce nom de Gradis pourroit occafionner une méprife à laquelle nous ferions
fâchés d'avoir donné lieu. Il eft un Gradis connu dans tout le Royaume, & que l'on
a vu dans la derniere guerre, armant vingt vaiffeaux pour le compte du Roi, prêtant
généreufement aux Officiers François tout l'argent dont ils avoient befoin, étant pri-
fonniers en Angleterre, s'illuftrer par les procédés les plus nobles. Mais accablé d'in-
firmités & d'années, il a entiérement abandonné la conduite de fa maifon, & l'a
remife entre les mains d'un parent qui.... tout ce qu'il a de commun avec lui c'eft
le même nom. C'eft cet autre Gradis qui eft, on ne fçait pourquoi, le perfécuteur
du fieur Peixotto ; & qui fe qualifiant *de Chef de la Communauté des Juifs*, a provo-
qué l'anathême lancé contre lui par Haïm-Jofeph Azulai. Ce n'étoit pas la peine
d'ufurper un titre fi pompeux pour ne l'employer qu'à rendre une décifion fi ridi-
cule.

(2) Un événement connu de tout Bordeaux, prouve avec quel fcrupule le fieur
Gradis profeffe une Religion dont il voudroit empêcher le fieur Peixotto de réclamer les ufages. Une riche héritiere, confiée à un oncle chéri (le fieur Depas) par
un pere que fes affaires appelloient & retenoient en Amérique, étoit deftinée à s'unir
avec cet oncle, qui n'avoit rien épargné pour l'éducation de fa pupille. Le Sr Gradis,
alléché par les appas d'une fortune confidérable, imaginant qu'un neveu valoit mieux
qu'un oncle pour époux, n'oublia rien pour détourner la jeune Depas de l'union pro-
jettée, & voulut y fubftituer un de fes neveux. La pupille préféra l'oncle Depas au
neveu Gradis, & le mariage s'acheva au grand regret de celui-ci, qui jura une
haine violente à la famille Depas. Mais l'infortuné mari ne jouit pas long-temps de
fon bonheur ; il mourut peu de temps après. Cette mort ranima les efpérances, &
fit évanouir la haine du fieur Gradis. Enfin il obtint de la dame Depas, devenue
veuve, ce qu'il n'avoit pu obtenir de la demoifelle Depas, étant encore fille. Mais
un obftacle arrêtoit le mariage. Le défunt avoit un frere, & fuivant la Loi, la veuve

ont fait rendre contre le fieur Peixotto par un Rabin nommé
Haïm-Joseph Azulaï, & dont ils n'ont pas craint de fe reconnoître & de fe nommer * pour les auteurs & les inftigateurs.
Mais quelle autorité ces Particuliers ont-ils donc pour con-
damner, blâmer, anathématifer la conduite du fieur Peixotto?
Qu'ils défendent la caufe de la dame Sara Mendés d'Acofta,
s'ils la croient jufte; qu'ils la foutiennent de leurs lumieres &
de leurs confeils, s'ils font capables d'en donner; mais pourquoi des perfonnalités, des injures, des libelles contre le
fieur Peixotto? Pourquoi tant d'efforts & de calomnies pour
rendre fa probité fufpecte, pour écrafer fon commerce & rui-
ner fon crédit? Penfent-ils que les Tribunaux devant qui le
fieur Peixotto fe réferve de porter fes réclamations & fes plain-
tes, ne réprimeront pas tant d'acharnement & d'outrages, &
ne vengeront pas avec éclat celui qu'ils avoient efpéré peut-
être d'en rendre la victime?

Quoique cet abfurde anathème du Rabin Haïm-Joseph
Azulaï ne faffe abfolument rien au fond de la caufe, ce Rabin
nous permettra-t-il de lui demander où il a vu que le divorce
fut défendu par les inftitutions de la nation Juive? Où donc
cette défenfe fe trouve-t-elle? *Cela eft clairement expliqué,*
dit-il, *dans la Bible, la Mifhna, le Talmud & nos cafuiftes.*
Voilà qui eft bientôt dit; mais, ô Haïm-Joseph Azulaï, foyez
un peu moins laconique. Citez-nous le volume, le livre, le
chapitre, la page où cela eft défendu fi clairement? Nous

* Voyez le
Mémoire de
la dame Sara
d'Acofta, à la
derniere page.

---

ne peut fe remarier qu'après avoir obtenu le libelle de divorce de fon beau-frere.
Celui-ci n'étoit pas riche; il mit un prix à fon défiftement, & il donna le divorce
pour 50000 livres. Voilà comment *le Chef de la Communauté* pratique fa Loi. Il n'eft
peut-être pas donné à tous les Juifs d'atteindre à ce degré de perfection; mais pourquoi, quand il l'admet, quand il la pratique, fait-il anathématifer ceux qui ont le
droit de la fuivre & de la réclamer tout comme lui.

avons lu la Bible tout comme vous, & loin d'y découvrir les traces de cette défense imaginaire, nous y avons vu les preuves les plus incontestables de la permission qui en a été accordée à la nation Juive. Relisez-là, Haïm-Joseph Azulai, & vous trouverez au Deutéronome, chap. 24 au Levit. 20, au Deutéronome, chap. 21, au Levit. 22, au Deutéronome 22, qu'il n'y a point de défense, comme vous le dites, & que vous avez été trompé, ou que vous avez voulu tromper.

Quant à la Mishna, cet ouvrage fort considéré parmi les Juifs, a été traduit en latin, & se trouve à la Bibliothèque du Roi. Chacun peut aller l'y consulter, & loin que le divorce y soit défendu, comme le dit vaguement Haïm-Joseph Azulai, sans en rapporter aucun passage, il y est, au livre Iebamoth, chap. 14 *, supposé existant, autorisé & permis.

Uxor erit volens, nolens, dit ce chap.

Le Talmud est un Commentaire de la Mishna en 24 vol. in-folio, & l'on conçoit aisément que nous n'avons pas jugé à propos de dévorer ces 24 volumes in-folio, pour avoir le plaisir de deviner quel est le passage dont Haïm-Joseph Azulai a prétendu parler sans néanmoins le citer. Malgré cela, nous pouvons assurer que loin que le Talmud soit contraire au divorce, il y est expressément favorable ; 1°. parce que le commentaire doit être conforme au texte, & que la Mishna lui est favorable ; 2°. parce que le Talmud offre des décisions précises de la faculté du divorce ; & que dans le Gittin, fol. 55, il est dit en propres termes, *que le mari peut renvoyer sa femme sans son consentement.*

Voilà donc le cas qu'il faut faire du suffrage d'Haïm Joseph Azulai. Encore, pour l'obtenir, a-t-il fallu user de supercherie ! *une femme*, lui a-t-on demandé *, *modeste, vertueuse, légitime, sans aucun défaut corporel, louée de toute l'assemblée du*

* Voyez le Mémoire de la dame Mendès d'Acosta.

peuple, en tout & par tout, peut-elle être répudiée ?..... Etoit-ce donc là le véritable état de la queſtion, & le point de vue ſous lequel il falloit l'expoſer ? Répudier une femme modeſte, vertueuſe, légitime, ſans aucun défaut corporel, louée en tout & par-tout. Eh! quel eſt le monſtre en délire qui voudroit répudier une pareille épouſe ? C'eſt au prix de tout ſon ſang qu'il faudroit la conſerver ; un pareil tréſor eſt la conſolation & le charme de la vie...... Mais ſi cette femme, *louée en tout & par tout,* eſt néanmoins une femme qui, par ſon caractere, par ſon eſprit & par ſon cœur, ne peut que remplir d'amertume les jours de ſon mari ; ſi toute ſorte d'union, d'amitié & de confiance eſt bannie d'entre elle & lui ; ſi l'incompatibilité la plus caractériſée les a déſunis preſqu'au premier inſtant de leur mariage ; ſi un mur de ſéparation a déjà été élevé entr'eux d'un mutuel accord ; ſi elle-même a outragé, diffamé, perſécuté ſon mari ; ſi elle implore encore aujourd'hui l'autorité des Tribunaux pour ne plus le voir, pour ne plus le connoître, pour en être juridiquement ſéparée...... Eh! bien, cette femme ſi modeſte, ſi vertueuſe, eſt-elle enfin dans le cas d'être répudiée ? Que les gens honnêtes de toutes les claſſes, de toutes les religions, inſtruits de l'exiſtence légale du divorce Judaïque, veuillent bien répondre à cette queſtion ; nous nous en rapportons avec confiance à ce qu'ils prononceront eux-mêmes.

Ainſi l'ont prononcé tous les Rabins inſtruits du véritable état de cette cauſe.

Saül Levi, Rabin de la Haye, dans ſa réponſe au mémoire qui lui a été préſenté, décide nettement, que puiſque la dame Peixotto demande ſa ſéparation de corps & de biens en Juſtice, le mari peut la répudier par force, en lui donnant ſa dot, & en épouſer une autre, & ce n'eſt pas ſur un pareil cas, ajoute-t-il, que le Rabin Guerſon a prononcé ſon Anathême.

Ezéchiel Landé, grand Rabin de Pragues, confulté fur la même queſtion, ne fait aucune difficulté de déclarer que, felon la loi, toutes les prétentions de la dame Peixotto ne valent rien : que cette dame, qui demande fa féparation de fon mari, & qui veut cependant le tenir lié toute fa vie, eſt bien mal-fondée : que c'eſt une femme rebelle, dont la Sentence eſt expliquée dans le Livre Choulchan-Arouſels, chap. 154; & après une affez longue diſſertation fur les précautions qu'il croit devoir être priſes, & fur les formalités à remplir avant de lui donner l'écrit du divorce, il termine ainſi : « Quoiqu'il en ſoit, depuis » fa demande en féparation, le mari n'eſt plus obligé de lui » rien donner pour fa nourriture & fes autres beſoins, parce » qu'elle eſt rebelle, & qu'elle ne veut ni accepter le divorce, » ni demeurer avec lui.

La même déciſion & les mêmes principes ſont établis par Wolff Samuel Levi, Rabin Provincial de Burgau. Egalement confulté fur le cas où fe trouve la dame Sara Mendès d'Acoſta, ce Rabin prétend qu'on agiroit contre la religion Juive, en demandant à un Tribunal Chrétien, & felon l'uſage des Chrétiens, une féparation de table & de lit, & en requérant qu'il ne fût plus permis à ſon mari de fe remarier, puiſque, felon le ſens de la religion Juive, fondé dans les Livres de Moïſe, il n'eſt pas permis à un homme de garder le célibat.

Il ajoute en conféquence, qu'il eſt entiérement conforme à la Religion Juive de donner à la femme, felon l'exemple de Maimonides & des autres Rabins célébres, une lettre de divorce.

Enfin il décide, d'après pluſieurs Auteurs Juifs qu'il cite, que le mari, vu l'opiniâtreté de la femme envers lui & l'of- fenfe à l'égard de ſon mari, eſt en droit de donner à la femme une lettre de divorce, qu'elle eſt obligée de rece- voir ;

voir ; & en cas de refus, le mari, accompagné de deux témoins impartiaux, doit entrer dans la chambre de la femme, & lui jetter, felon les formalités ufitées, la lettre de divorce. Il ajoute, en finiffant, que la femme ne doit pas accepter la lettre de divorce d'un Tribunal Chrétien, mais de fon propre mari.

Ce même Rabin, dans une autre Confultation donnée fur le même fait, décide que les deux époux Juifs peuvent être féparés felon les Loix de leur nation, fans aucun égard aux défaites & proteftations de la femme Juive.

Ainfi l'euffent prononcé les Rabins eux-mêmes, que la dame Sara Mendés a cités à l'audience, fi elle ne les eût trompés par un faux expofé. Ainfi le prononcera quiconque, n'examinant que les inftitutions de la Loi de Moïfe, en fera la jufte application aux circonftances où fe trouvent la dame Sara & le fieur Peixotto. La féparation, dans cette Loi, eft inconnue, réprouvée, profcrite. Le divorce, dans cette Loi, eft connu, pratiqué, permis. C'eft donc la prétention du fieur Peixotto qu'il faut admettre, & celle de fa femme qu'il faut rejetter, fi l'on s'en tient au Code de cette légiflation hébraïque. Mais eft-ce d'après ces Loix, ou felon les Loix des François, qu'il faut juger les Juifs exiftans en France?

3°. DE L'ÉTAT DES JUIFS EN FRANCE.

Quelles Loix doit-on fuivre pour juger les Juifs?

Jufqu'à ce moment les livres de la Loi nous ont été ouverts, & nous y avons puifé nos obfervations & nos preuves. Maintenant ils fe ferment, & la queftion qui nous refte à difcuter n'a point été réfolue par eux. Cherchons donc ailleurs des autorités & des principes. Voyons ce que l'humanité & la

E

religion nous prefcrivent envers les Juifs exiftans parmi nous ;
fachons ce que l'autorité de nos Rois & la Jurifprudence de
nos Tribunaux ont déja prononcé à leur égard ; examinons
enfin s'il y auroit, comme on le prétend, les plus grands inconvéniens à permettre qu'ils fuffent jugés d'après leurs Loix
& non pas fuivant les nôtres.

Mais avant tout, ne peut-on pas demander à la dame Sara-
Mendés d'Acofta comment elle ne rougit pas de difputer à
la Nation Juive les privileges & les droits que le fieur Peixotto
réclame pour elle ? Qui eft-elle donc pour fe charger de cette
odieufe conteftation ? N'eft-elle pas Juive elle-même ? N'eft-
elle pas née de parens Juifs ? Ne profeffe-t-elle plus la religion
des Juifs ? Qu'un François refufât d'être jugé par les Loix du
peuple Hébreu ; qu'il s'indignât qu'à la légiflation de fa Patrie
l'on voulut fubftituer une légiflation étrangere ; qu'il rejettât
les décifions d'un Code qui n'eft pas le fien ; je concevrois fes
répugnances & j'approuverois fes refus. Mais que ce foit une
Juive qui, à la place des Ufages & des Loix Judaïques qu'elle
fuit & auxquels elle eft attachée, réclame des Loix & des
Ufages qu'elle réprouve & profcrit dans fon cœur ; c'eft le
comble de l'inconféquence, de l'injuftice ou de l'hypocrifie.
Que la dame Sara-Mendés d'Acofta tombe aux pieds de la
croix pour y rendre hommage à la Divinité de Jefus-Chrift ;
qu'elle devienne Chrétienne & Françoife ; puis elle viendra
implorer alors les Loix du Chriftianifme & de la France !
Mais à quel titre, tant qu'elle ne s'offre à nos regards que
comme étrangere & ennemie du nom chrétien, ofe-t-elle
invoquer des Loix qui ne font pas faites pour elle ? C'eft les
outrager que de les revendiquer fans s'y foumettre.

Ce n'eft donc pas à la dame Sara-Mendes d'Acofta que
nous avons à répondre fur cette queftion. Elle eft Juive,

cela fuffit. C'eft d'après les Loix des Juifs qu'elle doit demander elle-même d'être jugée ; & toute récufation de ces Loix eft de fa part une infidélité & une perfidie. Mais c'eft pour le Public honnête & impartial ; c'eft pour les Magiftrats chargés de la décifion de cette caufe qu'il importe d'établir quelques principes fimples, inconteftables, qui pourront peut-être fervir à la réfoudre ; nous ne ferons que les indiquer rapidement.

1°. Que font les Juifs parmi nous ? Voyez ce peuple autrefois chéri de Dieu & l'objet de toutes fes complaifances, environné fi long-tems de tout l'éclat de la puiffance fuprême, traverfant les flots fufpendus d'une mer qui engloutit fes ennemis, arrêtant le foleil dans fa courfe, nourri, s'il eft permis de parler ainfi, de prodiges & de miracles ; voyez le maintenant fans autel, fans chef, fans patrie, membre d'une cité détruite, fectateur d'un culte qui n'eft plus, traîner, errant, difperfé en tous lieux, fa déplorable exiftence, & couvrir de fes triftes débris l'un & l'autre hémifphere. Par-tout il porte fes mœurs, fes ufages & fes Loix, que les mœurs, les ufages les loix oppofés & contraires des nations au milieu defquels il vit, n'ont pu ni altérer ni lui faire perdre. A Londres il n'eft point Anglois ; il n'eft point Hollandois à la Haye ou Amfterdam ; à Rome il n'eft pas Romain ; à Conftantinople il n'eft point Mufulman ; à Paris, à Bordeaux, à Metz, à Strasbourg il n'eft pas François ; par-tout il eft Juif, par-tout il n'eft que Juif ; par-tout il fuit les ufages & les loix des Juifs. » Le Dieu » d'Abraham *, dit l'éloquent Evêque de Meaux, a trouvé » un moyen dont il n'y a dans le monde que ce feul exemple, » de conferver les Juifs hors de leur pays & dans leur ruine, » plus long-tems même que les peuples qui les ont vaincus. » On ne voit plus aucun refte des anciens Affyriens, ni des » anciens Medes, ni des anciens Perfes, ni des anciens

2ᵉ partie, chap. 20, pag. 325, édit. de Paris 1700.

E ij

» Grecs , ni même des anciens Romains. La trace s'en eſt
» perdue , & ils ſe ſont confondus avec d'autres peuples. Les
» Juifs qui ont été la proie de ces anciennes nations ſi cé-
» lébres dans les hiſtoires , leur ont ſurvécu ; & Dieu en les
» conſervant nous tient en attente de ce qu'il veut faire en-
» core des malheureux reſtes d'un peuple autrefois ſi favoriſé ».
Faudra-t-il donc troubler ces decrets admirables de la Providence ? Faudra-t-il , au mépris des droits de l'humanité &
de la religion , arracher au reſte épars de ce peuple malheureux , la liberté de ſuivre ſes Loix , de conſerver ſes
mœurs , de pratiquer ſes uſages ? Faudra-t-il en un mot ,
les forcer de n'être plus Juifs ? Car enfin il n'eſt pas de
milieu : ou il faut qu'ils n'ayent plus la liberté d'être Juifs
au milieu de nous , où il faut qu'ils jouiſſent au milieu de nous
du pouvoir de ſuivre les Loix des Juifs. Que ſeroit-ce en
effet , que cette liberté chimérique que nous leur aurions accordée d'être membre d'une religion que nous ne leur laiſſe-
rions ni la liberté de ſuivre ni le droit de pratiquer ? Vous qui
voulez leur enlever cette liberté & ce droit , rallumez donc les
flambeaux funebres de la féroce Inquiſition , rendez au fana-
tiſme ardent ſon poignard enſanglanté ; dites , dites à ces
malheureux : ſoyez Chrétiens ou bien les flammes vont vous
engloutir , ou bien le fer va déchirer vos entrailles ; oſez
ſouiller de ces atrocités la Religion ſainte du Dieu de charité
& de paix ; que la nature & l'humanité frémiſſent encore
d'horreur···· Mais plutôt détournons les yeux de ces terribles
images ; laiſſons , laiſſons les Juifs exiſter en paix au milieu
de nous ; ne ſont-ils pas nos prédéceſſeurs dans les promeſſes
d'Iſraël ? Ne ſont-ils pas nos freres ? Ne ſont-ils pas des hommes ? Diſſipons les ténébres de leur eſprit , forçons l'endur-
ciſſement de leur cœur par la pureté de nos mœurs & l'éclat

de nos vertus; mais ne nous rendons ni leurs perfécuteurs ni les exécuteurs d'une vengeance qui ne nous eft pas confiée.

» Vous avez tort, écrivoit un grand Pape à Pafchale, Evêque » de Naples, vous avez tort de fouffrir la perfécution contre » les Juifs; efpérons-nous, en empêchant leurs cérémonies, » les gagner à notre foi? Provoquons-les de raifons & de » douceur; faifons qu'ils veuillent nous fuivre & qu'ils ne nous » fuyent pas; qu'ils foient parmi-nous fans inquiétude; qu'ils » célébrent leurs folémnités; & n'employons pour les ramener, » que les avertiffemens & les confeils, qui, avec l'aide de » Dieu, auront plus de puiffance que n'en ont eu les perfé- » cutions »…. *Quid enim utilitatis eft? Quando & fi contra longum ufum fuerint vetiti, ad fidem illis & converfionem nihil proficit? Aut cur Judæis qualiter ceremonias fuas colere debeant, regulas ponimus, fi per hoc eos lucrari non poffumus? Agendum ergo eft ut ratione potiùs & manfuetudine provocati fequi velint, non fugere, ut eos eorum codicibus oftendentes quæ dicimus ad finum matris Ecclefiæ deo poffimus adjuvante convertere…. Omnes feftivitates feriafque fuas ficut hactenus…. Liberam habeant obfervandi, celebrandique licentiam.*

L'humanité & la Religion profcrivent donc de concert, toute perfécution & toute violence envers les Juifs. Mais s'il faut leur permettre de refter Juifs, il faut donc auffi leur permettre de vivre felon les loix & les ufages des Juifs; car encore une fois, il feroit inconféquent & abfurde de les fouffrir, de les admettre dans un état, de les y reconnoître pour Juifs, fans qu'ils puffent en remplir les devoirs & en obferver les ufages. Ne feroit-ce pas en même-tems vouloir & ne pas vouloir; détruire d'une main & édifier de l'autre que de permettre leur exiftence fous un titre & de leur interdire ce qui forme & conftitue ce titre?

2°. Or, sous quel titre le Gouvernement François a-t-il reçu les Juifs ? Sans remonter aux premiers siecles de la Monarchie où jusques dans les ténébres qui nous dérobent ces époques reculées, on les voit victimes d'une inconstance perpétuelle, existants en paix sous les premiers règnes, chassés ensuite par Dagobert, rappellés par Charles-le-Chauve, chassés de nouveau par Philippe premier, tolérés dans les règnes suivans, rechassés encore par Philippe Auguste, reçus & admis avec précaution par Saint Louis, par Philippe-le-Hardi, jusqu'à ce que de nouvelles persécutions leur eussent préparé de nouveaux retours, passons tout à coup à la révolution arrivée dans leur état sur la fin du quinzieme siecle.

Parmi les Juifs il en est de connus sous le nom de Juifs Portugais, qui prétendent descendre d'anciennes familles de la Tribu de Juda, & avoir été transportés en Europe lors de la captivité de Babilone, c'est-à-dire, près de six cens ans avant Jesus-Christ, Quoi qu'il en soit de la fausseté ou de la vérité de cette origine, il est certain que ces Juifs habitans les Espagnes de tems immémorial, y jouissoient au quinzieme siecle des titres & des priviléges les plus distingués. Leur crédit & leur faveur augmentant encore avec leurs richesses, quelques Grands de la Cour, & l'Inquisition sur-tout, en conçurent de la jalousie & de la haine. La Reine Isabelle à la tête de ces esprits inquiets, forma le projet le plus funeste contre ce peuple malheureux, & ses instances parvinrent à arracher au Roi Ferdinand, contre l'avis & malgré les réclamations du Conseil, l'ordre de la proscription & du banissement le plus irrévocable. Chassés, proscrits, livrés aux horreurs du désespoir, ces infortunés se réfugierent où ils purent, les uns en Italie, les autres en Allemagne, les autres en Angleterre ; & le plus grand nombre vint implorer en France l'humanité d'un peuple affable & fenfible, & les douceurs d'un Gouvernement généreux & jufte.

Leur efpoir ne fut point déçu. Henri II régnoit alors, il les accueillit avec bonté, & leur accorda des Lettres patentes qui leur permirent *d'entrer dans le Royaume, d'en fortir, d'aller & venir fans aucun trouble ni empêchement.* Cet exemple a été fuivi par les fucceffeurs de Henri, & de règne en règne ces Lettres patentes ont été renouvellées avec l'extenfion *de pouvoir vivre felon leurs ufages, & défenfes de les y troubler tant en Jugement que dehors.* Enfin le Monarque qui fait aujourd'hui le bonheur de la France, les a confirmés dans leurs priviléges dès les premieres années de fon règne, & leur a accordé de nouvelles Lettres patentes au mois de Juin 1776.

» Louis, par la grace de Dieu, Roi de France & de Navarre:
» A tous préfens & à venir; Salut. Par Lettres patentes de
» Henri II, du mois d'Août 1570, en forme de chartre,
» enregiftrées au Parlement de Paris le 22 Décembre de la
» même année, & par plufieurs autres Lettres patentes don-
» nées de règne en règne pour la confirmation de ces pre-
» mieres, par les Rois nos prédéceffeurs, & notamment par
» Henri III, au mois de Novembre 1574, par Louis XIV,
» au mois de Décembre 1656, & par Louis XV, notre très-
» honoré Seigneur & Aïeul, au mois de Juin 1723, lefdites
» Lettres enregiftrées en notre Parlement de Bordeaux; il
» a été permis, pour les caufes y contenues, aux Juifs Efpa-
» gnols & Portugais, connus fous le nom de Marchands &
» de nouveaux Chrétiens, tant pour ceux qui étoient déja
» habitués en France, que pour ceux qui voudroient y venir
» par la fuite, de fe retirer, demeurer, & réfider dans notre
» Royaume, Pays, Terres & Seigneuries de notre obéiffance,
» & en telles villes & lieux dudit Royaume que bon leur

» femblera, & qu'ils connoîtront plus propres & commodes
» à leur trafic & exercice de leurs marchandifes, & de toutes
» autres manufactures, *pour y vivre fuivant leurs ufages*,
» comme auffi leurs femmes, enfans, familles, commis, fac-
» teurs & ferviteurs, avec la faculté d'y trafiquer & faire le
» commerce, même d'y acquérir & poffféder toutes fortes de
» biens meubles & immeubles, & d'en difpofer à leur volonté,
» *fuivant les Loix & les ufages de notre Royaume, &c. &c. &c.*

» A ces caufes & autres bonnes confidérations, à ce Nous
» mouvant, de l'avis de notre Confeil, & de notre certaine
» fcience, pleine puiffance & autorité Royale, Nous ayons
» confirmé, & par ces Préfentes fignées de notre main, *con-*
» *firmons tous & chacun les privileges, franchifes & immuni-*
» *tés* qui ont été accordés auxdits Marchands Portugais, par
» les Lettres patentes en forme de Chartres, données en leur
» faveur au mois d'Août 1550, & par les autres Lettres
» patentes des Rois nos prédéceffeurs ; maintenons lefdits
» Marchands Portugais, tant ceux qui font déja établis &
» domiciliés dans notre Royaume, Pays, Terres & Seigneu-
» ries de notre obéiffance, que ceux qui voudront y venir
» dans la fuite, dans la pleine poffeffion & paifible jouiffance
» defdits privileges, à la charge de fe faire immatriculer par-
» devant les Juges des lieux qu'ils auront choifis pour leur
» réfidence ; *leur permettons d'y demeurer & vivre felon leurs*
» *ufages*, ainfi qu'à leurs femmes, enfans, commis, fac-
» teurs & ferviteurs, & à leurs fucceffeurs à perpétuité, &c. &c.
» Si donnons en mandement à nos amés & féaux Confeillers,
» les Gens tenans notre Cour de Parlement à Bordeaux,
» Préfidens, Tréforiers de France généraux de nos finan-
» ces, &c. &c. *fans fouffrir qu'il leur foit fait ni caufé aucuns*
» *troubles & empêchemens en quelque maniere que ce puiffe être,*

in

» ni qu'ils foient recherchés en façon quelconque pour raison de
» leurs ufages ou maniere de vivre ; nonobftant tous Edits,
» Déclarations, Arrêts, Ordonnances, Lettres & autres cho-
» fes, tant anciennes que modernes à ce contraires, auxquels,
» de quelque nature que ces chofes foient ou puiffent être, Nous
» avons dérogé & dérogeons en faveur defdits Marchands Por-
» tugais par cefdites Préfentes ».

Voilà donc l'état des Juifs en France autorifé & permis.
C'eft la Loi, ce font les ufages des Juifs qu'il leur eft libre de
pratiquer ; c'eft cette Loi, ce font ces ufages qui reglent leur
conduite ; c'eft cette Loi, ce font ces ufages qui doivent donc
régler auffi les décifions & les jugemens qui fe rendent entr'eux.

Ces principes font inconteftables & de la plus grande clarté.
Sans doute il étoit permis au Gouvernement de ne les recevoir que fous telle ou telle modification qu'il auroit été maître
de leur impofer. Vous me demandez un afyle, leur auroit-il
dit, je veux bien vous l'accorder, à condition que vous re-
trancherez telle ou telle de vos Loix, que vous fupprimerez
tel ou tel de vos ufages qui offenferoient mes Sujets & trou-
bleroient mes Etats. Je dois refpecter vos malheurs ; mais je
dois auffi veiller à ma fûreté. Ce n'eft point par haine contre
vous, mais par prudence pour moi que j'exige telle ou telle
renonciation de votre part. Si les Juifs n'euffent pas voulu fe
foumettre à ces conditions, ils auroient porté, dans des climats plus faciles, leur commerce & leurs richeffes ; & s'ils s'y
étoient foumis, ce font ces mêmes conditions qu'il faudroit les obliger d'accomplir ; c'eft d'après elles qu'il faudroit
les juger aujourd'hui.

Mais rien de tout cela n'eft arrivé. Les Juifs fe font préfentés ; on les a reçus, admis tels qu'ils étoient, fans condition,

F

fans modification, fans réferve aucune. Vivez fuivant vos Loix, leur a-t-on dit, pratiquez vos ufages, Nous vous y maintiendrons & nous empêcherons qu'on ne vous y porte aucun trouble. Eft-ce donc pour les tromper qu'on leur a tenu ce langage ? Ne leur promettoit-on la liberté que pour leur enlever les moyens d'en jouir ? Ne confentoit-on à ce qu'ils vécuffent, *fuivant leurs ufages*, que pour les foumettre aux nôtres & les juger fuivant les nôtres ? Les fentimens de nobleffe, d'hofpitalité qu'on leur témoignoit n'étoient - ils qu'un piége tendu par la fourberie & la mauvaife foi ? Ou il faut admettre cette conféquence, ou bien leur laiffer la liberté qui leur a été accordée ; & pour leur laiffer cette liberté, il faut les juger entr'eux, fuivant les ufages & les loix d'après lefquels ils vivent, & non pas fuivant les loix & les ufages de la France.

*« Il eft jufte, a-t-on dit, * de laiffer aux Juifs la liberté » de pratiquer leurs Loix, & de fuivre leurs ufages en tout » ce qui eft de néceffité & de précepte. Ainfi l'obfervation » du fabbat, l'abftinence des viandes défendues & autres » devoirs de religion ne peuvent leur être interdits. Mais il » eft jufte auffi de ne point étendre cette liberté aux privi-» léges que la condefcendance du Légiflateur a cru devoir » leur accorder, & à tout ce qui n'eft pour eux que de pure » tolérance civile. Or, le divorce eft de cette nature. Il n'eft » point ordonné, il n'eft pas même permis, il n'eft que » *toléré* par la Loi, & les motifs qui l'ont fait *tolérer* n'exif-» tant plus, il eft jufte de leur en interdire aujourd'hui la » pratique & l'ufage ».

Mais cette diftinction n'eft folide, ni dans le droit, ni dans le fait.

1°. Il eft faux que le divorce n'ait été ni permis ni autorifé, mais feulement *toléré* par la *Loi.* On ne conçoit même pas trop ce que c'eft que *d'être toléré* par la *Loi* ; car ces mots, *Loi* & *tolérance*, impliquent contradiction dans les termes. La Loi eft l'émanation de la volonté fuprême, revêtue des formes prefcrites & promulguée felon la conftitution de l'Etat.

Pour remplir cette volonté, pour y foumettre ceux que l'amour du devoir n'y porte pas, il faut une force & un pouvoir agiffants.

Chaque Gouvernement a donc néceffairement deux pouvoirs : celui qui prefcrit, & celui qui exécute. L'un eft la volonté enfeignante ; l'autre la volonté agiffante.

Mais quelquefois la volonté enfeignante n'eft point adaptée aux temps, aux lieux, aux circonftances ; & les mœurs, les préjugés, les opinions publics y répugnent trop ouvertement pour qu'elle puiffe être exécutée.

Que fait alors la volonté agiffante ? Elle diffimule, détourne les yeux, & fe tait.

De cette apathie réfléchie, de cette négligence volontaire du pouvoir réfulte la tolérance ; c'eft-à-dire, que ce que la Loi ordonne ou défend, le pouvoir ne le fait ni exécuter ni punir.

La tolérance eft donc toujours dans les mœurs & jamais dans la Loi.

La Loi par elle-même ou défend ou permet ; c'eft la force chargée de veiller au maintien de la Loi qui tolere.

Il eft donc abfurde de dire que le divorce n'a été que toléré par la *Loi* des Juifs. La Loi ne pouvoit que le défendre ou le permettre : ce font les mœurs qui auroient pu le tolérer, fi les Loix l'avoient défendu ; mais dès que la Loi avoit parlé, la permiffion exiftoit, & il n'y avoit point, il ne pouvoit pas même y avoir à cela de tolérance.

F ij

Parmi nous les Loix ont profcrit le duel , mais nos préjugés en ont établi la tolérance. Chez tous les Peuples de
l'Europe, la proftitution eft défendue par la Loi ; mais le luxe,
l'oifiveté , la perverfité des grandes Villes en ont introduit
l'infamie & la tolérance dans quelques Capitales. Oferoit-on
dire pour cela qu'il y a des Loix qui tolerent la proftitution
& le duel ? Non , les Loix défendent ces crimes, mais ces
Loix ne font pas exécutées , mais leur volonté n'eft pas
remplie , & c'eft cette non-exécution qui forme la tolérance.
Loin donc que la tolérance réfulte de la Loi , elle eft toujours contre la Loi.

Sans doute que le divorce n'étoit pas ordonné aux Juifs ;
fans doute qu'il ne leur étoit pas prefcrit de renvoyer leurs
femmes au bout d'un certain temps : mais à moins d'un commandement formel , la Loi ne pouvoit rien faire de plus pour
le divorce. Sa permiffion étoit expreffe : chaque fois qu'une
femme n'offroit aux fens & au cœur de fon époux que des fujets de haine ou de dégoût , il pouvoit la renvoyer ; & cette
permiffion pleine , entiere , réfultant de la Loi , n'étoit donc
pas encore une fois une fimple tolérance , puifque la tolérance
ne vient jamais de la Loi & ne peut être que l'effet des mœurs.

2°. Mais tout en fe prêtant à cette diftinction chimérique,
tout en fuppofant que le divorce n'a été que *toléré* , pourquoi faudroit-il interdire aux Juifs l'ufage de cette tolérance
que le Seigneur n'a pas cru devoir leur refufer ? Eft-ce à
nous à être plus féveres que Dieu lui-même ? Eft-ce à nous à
mettre des bornes à fa condefcendance ? Où eft la Loi , où
eft le titre qui puiffe nous autorifer dans ces reftrictions ?
A-t-on dit , je le répete encore , a-t-on dit aux Juifs lorf-
qu'ils fe font préfentés dans nos climats : pratiquez-y les préceptes de votre Loi , mais abftenez-vous de vos ufages de

tolérance ? Rempliffez vos devoirs , mais laiffez vos droits
& vos priviléges.... Non , une admiffion pure & simple , la
liberté adaptée aux ufages comme aux préceptes , la promeffe
de les y maintenir , voilà ce qui leur a été folemnellement
promis & accordé. Encore une fois , je ne dis pas qu'on n'eût
pu alors leur impofer ces reftriâions , & leur prefcrire ces
modifications ; mais je dis que puifqu'on n'a pas cru le devoir
faire , que puifqu'on ne l'a pas fait , nous ne devons point
leur impofer des conditions plus dures que celles qui leur ont
été impofées réellement , & que ce que la Loi n'a pas dif-
tingué , nous n'avons pas le droit de le diftinguer non
plus.

Veut-on connoître une diftinâion plus réelle & plus jufte
qu'il faut faire entre les droits & les ufages de ce Peuple
Juif ? C'eft celle qui exifte entre ce qui concerne leur perfonne , leur titre & qualité de Juifs , & ce qui regarde les
propriétés , les poffeffions qu'ils acquierent parmi nous. S'agit-
il d'eux , de leurs perfonnes , de leurs femmes , de leurs enfans , & de leur maniere de vivre & de penfer ? *Voulons* ,
ont dit les Lettres patentes de nos Souverains, *qu'ils puiffent
vivre* felon leurs ufages ; mais s'agit-il de leurs terres , de leurs
biens exiftans en France ? *Nous leur permettons* , difent ces
mêmes Lettres , *d'acquérir & poffeder toutes fortes de biens ,
meubles & immeubles , & d'en difpofer à leur volonté SUIVANT
LES LOIX ET USAGES DE NOTRE ROYAUME.*
Voilà donc une différence effentielle & bien caraâérifée. Tout
ce qui tient à eux , à leur Religion , à leurs mœurs , doit être
réglé d'après *leurs ufages.* Tout ce qui tient au fol , à la terre ,
au royaume qu'ils habitent , doit fubir les Loix de ce royaume.
Ainfi s'ils achetent des terres , s'ils les vendent , s'ils contractent des engagemens avec les citoyens , ils font foumis aux

Loix & aux Coutumes qui nous gouvernent, & c'est d'après ces maximes inviolables que les Tribunaux doivent les juger. Mais s'ils pratiquent la circoncision, s'ils observent le sabbat, s'ils se marient, s'ils répudient leurs femmes, s'ils époufent leurs nieces, en un mot, dès qu'il s'agit d'eux & de leur Religion, c'est d'après cette Religion, c'est d'après ses rits & ses ufages qu'il faut les juger. Ainsi l'ont prononcé les ordres de nos Souverains ; ainsi l'ont reconnu & le reconnoissent chaque jour nos Tribunaux eux-mêmes.

3°. Les Loix toujours occupées du bonheur des citoyens, ont réglé la forme des engagemens qu'ils contractent. Plus ils importent à la tranquillité & au bonheur de la vie, plus elles ont pris de précautions & de foins pour en assurer l'exis-tence & la folidité. Le mariage, par exemple, pour ne citer que ce feul trait, est assujetti & comme contrat & comme Sacrement, à une foule de formalités nécessaires & à des con-ditions indifpenfables fans lefquelles ni le contrat ni le Sacre-ment ne peuvent avoir lieu. Il est inutile d'en faire ici l'énu-mération, perfonne parmi nous ne les ignore. Mais les Juifs ne font foumis à aucune de ces formalités ; ils ne requièrent point le confentement de leurs pere & mere ; ils ne font ni publication de bans ni notification de mariage quelconque ; ils fe paffent de la préfence néceffaire d'un Miniftre de la Religion ; ils époufent leur niece, c'est même pour eux un acte faint ; ils fe marient dans quel pays, dans quelle Synagogue, à quel âge il leur plaît ; s'ils font un contrat de mariage, un acte de célébration, ils n'ont que deux témoins, & cela leur fuffit ; enfin avec un fimple anneau qu'ils mettent au doigt de la femme qu'ils ont choifie en lui difant : *je vous époufe felon la Loi de Moïfe*, les voilà bien & légitimement mariés. Or, ces mariages à nos yeux & d'après nos Loix, font évidemment & abfolument nuls ; cependant on les laiffe fubfifter, cependant on les maintient, cependant on les garantit, & jamais l'œil févere du Miniftere public ni la police des Tribunaux n'ont troublé ces unions nulles, illégitimes pour tout autre, mais bonnes & facrées pour les Juifs. Pourquoi cela ? N'eft-il pas fenfible que c'eft parce que les Juifs font foumis à leurs Loix, & ont la liberté de les fuivre & ne font pas fujets aux nôtres ni obligés de s'y conformer.

Il n'eft pas un bon François, pas un Magiftrat éclairé qui ne gémiffent de voir les mariages des Proteftans frappés encore d'anathême & de nullité, parce qu'ils ne font pas conformes aux Loix & aux ufages des Catholiques. Cependant les mariages des Proteftans font plus rapprochés de nos mœurs que ne le font les mariages des Juifs. Pourquoi donc font-ils nuls ? C'eft que l'on a voulu foumettre les Proteftans à être jugés par nos Loix ; c'eft que l'on a fuggéré à la vieilleffe d'un grand Roi ce moyen de deftruction comme un moyen de falut & de paix ; au lieu que l'on n'a foumis les Juifs à rien ; au lieu qu'ils fe gouvernent, qu'ils vivent & qu'ils font jugés d'après leurs ufages & felon leurs Loix.

Ce raifonnement feul eft décifif & convaincant ; n'allons pas chercher à Bordeaux, à Metz, à Colmar, des monumens de cette Jurifprudence journaliere qui s'étend fur les Juifs & ne fe puife que dans leur Code, tenons-nous en à ce qui fe paffe fous nos yeux : C'eft fous nos yeux que les mariages des Juifs, quoique nuls felon nos Loix, fubfiftent & fe maintiennent fans réclamation ; c'eft d'après la folidité qu'ils ont prife dans leurs Loix, que nous éloignons la nullité dont les nôtres les ont frappées : c'eft donc d'après leurs Loix que nous les jugeons, & non pas d'après les nôtres.

Mais fi nous leur permettons de contracter leur mariage felon leurs principes, par quel étrange bouleverfement ne leur permettrions-nous pas auffi de les rompre fuivant ces mêmes principes ? Quoi ! ces mariages feroient Juifs dans l'origine, & deviendroient François pour l'indiffolubilité ? Quoi ! on les foumettroit fur un point feul à des Loix qu'ils ne feroient pas tenus d'accomplir fur les autres points ? Quoi ! on pourroit divifer ces Loix & dire aux Juifs : Tranfgréffez-les quand il s'agit de vous engager, mais obfervez-les quand il s'agit de vous dégager ? Quoi ! ce qui eft nul, ce qui n'exifte pas aux yeux de la Loi, ce qui n'eft, felon elle, ni un contrat ni un Sacrement, ce qu'elle profcrit, ce qu'elle réprouve feroit cependant au pouvoir de cette Loi ? Ma-giftrats, citoyens, vous tous qui étes fenfibles à la vérité & à la raifon, dites, dites s'il eft poffible d'admettre un pareil fyftême ; dites fi ce n'eft pas au pouvoir feul qui a formé un engagement d'en ferrer les nœuds, d'en régler la durée, d'en circonfcrire la force & l'étendue. Ou afferviffez les mariages Juifs aux Loix de la France, rompez, brifez, anéantiffez-les quand ils n'y font pas conformes ; ou bien laiffez à la main qui les a unis le pouvoir de les changer & de les dif-foudre.

Quand le fieur Peixotto a comparu au Parlement de Paris pour y établir la nullité de fon mariage ; quand il a préfenté ce monument de la furprife & de l'erreur comme l'effet de la fraude & de la perfidie qui avoient été commifes envers lui ; quand il a dit à fes Juges : Je n'avois que dix-neuf ans lorf-qu'un traître m'a enlacé malgré moi de ce nœud abhorré ; j'étois à Londres loin de ma patrie, fans appui, fans confeil ; je n'ai rempli aucune des formalités que vos Loix préfcrivent ; ma mere n'a point été confultée ; mon mariage eft plein d'ir-régularités....

régularités.... Qu'a répondu la dame Sara Mendès d'Acosta?
Qu'importent les Loix de France, a-t-elle dit alors! y pensez-
vous de réclamer des Loix qui ne font faites ni pour vous ni
pour moi? C'est à Londres & non pas en France, que nous
avons été mariés; vous êtes Juif & moi aussi; c'est la Loi des
Juifs qui a préfidé à nos engagemens, c'est donc la Loi des
Juifs qui doit les maintenir; & aux yeux de cette Loi notre
mariage est légitime.... La dame Sara avoit raison, & le fieur
Peixotto donna fur le champ le désistement de fa demande
en nullité. Mais aujourd'hui quelle différence de langage! ce
font les Loix de la France que réclame la dame Sara; ce font
elles qu'elle invoque pour profcrire le divorce Judaïque; c'est
à elles qu'elle a recours pour maintenir fon mariage; c'est
d'après elles qu'elle veut être jugée.... Etrange contradiction!
N'est-ce donc plus à Londres qu'a été mariée la dame Sara?
N'est-elle donc plus Juive? N'est-ce donc plus la Loi des
Juifs qui a préfidé à fes engagemens? N'est-ce donc plus felon les ufages de la Loi Juive qu'il faut en juger la légitimité?.... Ainfi la paffion & l'injuftice changent au gré de leur
intérêt, de fentiment & de langage; mais pense-t-on faire
adopter aux Magiftrats ces viciffitudes humiliantes & ces con-
tradictions honteufes?

Combien il feroit facile de multiplier les réflexions fur cet
objet? quels troubles; quelles horreurs environneroient les
familles Juives, fi aux Loix, aux ufages qu'ils ont appris à
fuivre dès leur enfance, l'on alloit fubftituer des Loix & des
ufages qui annullant ce qu'ils regardent comme légitime, lé-
gitimant ce qu'ils regardent comme nul, bouleverferoient tout
à coup leurs liaifons, leurs engagements, leurs conventions, &
changeroient en des jours affreux ces jours de paix qu'ils cou-
lent au milieu de nous. Laiffons, laiffons leurs mariages fe

G

former par leurs Loix ; laiſſons-les ſe diſſoudre ſuivant leurs Loix , & que leurs Loix d'après leſquelles il leur eſt permis d'exiſter & de vivre en France, ſoient auſſi les Loix d'après leſquelles ils ſoient jugés en France.

3°. Quelques inconvéniens que l'on veuille nous faire craindre de cette liberté accordée aux Juifs, il n'en peut réſulter aucun. Ni la Religion, ni les mœurs, ni l'Etat, ni les particuliers ne peuvent en être offenſés.

1°. Nous l'avons déja dit, ſi vous croyez que la Religion doit réprimer l'exercice du divorce, il faut donc auſſi qu'elle réprime tout ce qui eſt de la Loi Judaïque ; car le divorce n'eſt pas plus contraire à la Religion que ne l'eſt la Circonciſion, le Sabbat, la Pâque des pains azymes & les autres inſtitutions des Juifs. Cependant vous ſouffrez que les Juifs pratiquent la Circonciſion au lieu de faire baptiſer leurs enfans ; vous ſouffrez que les Juifs obſervent le Sabbat & travaillent le Dimanche ; vous ſouffrez que les Juifs célébrent leur Pâque & dédaignent la nôtre ; vous ſouffrez que les Juifs tiennent encore à un Culte aboli, & rejettent notre auguſte Sacrifice : pourquoi le divorce ſeroit-il ſeul exclu de cette tolérance générale que vous leur accordez ? Chaſſez, banniſſez les Juifs, détruiſez tout ce qui eſt en eux contraire à la Religion ; ou bien ſi vous les ſupportez en un point, ſupportez-les en tous ; car la Religion ne connoît ni choix ni acception de perſonne, elle condamne tout, ou elle permet tout également.

Mais connoiſſez mieux cette Religion ſainte que vous profeſſez. Elle réprouve, il eſt vrai, elle condamne les uſages des Juifs ; mais pleine de douceur & de condeſcendance, ennemie du trouble, de l'injuſtice & de la perſécution, elle ne fait que prier pour fes ennemis , & laiffe à Dieu feul d'exercer fes miféricordes ou fes vengeances,

A Rome, le centre de la Catholicité ; à Rome, où les intérêts politiques fe confondent avec les droits de la Religion ; à Rome, où c'eft une loi de l'Etat de profcrire tout ce qui n'eft pas Catholique ; à Rome d'où font bannis toutes les fectes, toutes les héréfies., tous les fchifmes ; à Rome où l'Inquifition eft établie & exerce fon pouvoir ; à Rome les Juifs font foufferts , pratiquent ouvertement leurs Loix, fuivent fans reftriction leurs ufages, & le divorce qu'ils y exercent publiquement n'eft frappé ni par le Souverain Pontife, ni par l'Inquifition même., d'aucune forte d'anathême ni d'interdiction civile.

Profper de Caftro, Rabin de l'Univerfité des Juifs de Rome , dans un certificat authentique & duement légalifé par les Officiers de la Cour de Rome & par le Conful de la Nation Françoife , affirme « que dans les occafions qui fe préfentent dans cette capitale (la ville de Rome) aux Hébreux, de devoir, étant mariés, fe délivrer du lien matrimonial & le rompre, *on pratique publiquement & librement la répudiation & le divorce* admis par la fainte Loi Mofaïque pour diffoudre & défaire le lien matrimonial entre le mari & la femme, décrit dans le Deutéronome chapitre 24., obfervant dans une telle opération toutes les formalités., folemnités & circonftances dues & requifes fuivant le Statut Hébraïque, & fuivant tout ce qui eft prefcrit & difpofé dans la Loi Mofaïque & Rabinique, & par nos Jurifconfultes nationaux ; affirmant amplement *qu'un tel acte,* s'agiffant des conjoints par mariage, qui vivent dans le fein de la nation Juive & Ifraélite, *ne leur eft point interdit ni prohibé par le Statut de Rome, ni même par le Souverain Pontife, pas même par l'Inquifition du Saint-*

Office, puifque les Juifs font retenus par la fainte Eglife Catholique & dans fes Etats, attendu l'obfervation de leurs rits Hébraïques prefcrits par la divine Loi Mofaïque & Rabinique, *tant par des Brefs des Souverains Pontifes, que par des conftitutions Apoftoliques*, &c. &c. J'affirme & dépofe tout cela de vraie fcience pour manifeftation de la vérité, afin qu'elle apparoiffe clairement par-tout, y appofant auffi ma fignature en foi, ce jour 28 Juillet 1778. *Signé* Rabi Prosper de Castro ».

Peut-il encore refter quelque doute après un exemple auffi convaincant ? Qu'ils fe préfentent ceux qui oferont foutenir plus long-temps que c'eft offenfer la Religion & troubler fon culte, que de laiffer aux Juifs la faculté d'exercer leur divorce ! Qu'ils jettent les yeux fur la capitale du monde Chrétien, & qu'ils voyent que là les Juifs font admis *à l'obfervation de leurs ufages tant par des Brefs des Souverains Pontifes, que par des conftitutions Apoftoliques; qu'ils voyent que pour ceux qui vivent dans le fein de la nation Juive & Ifraélite, le divorce n'eft point interdit ni prohibé par le Statut de Rome ni par le Souverain Pontife, ni même par l'Inquifition du Saint-Office.* Qu'ils le voyent & qu'ils ofent, dans l'amertume de leur zèle, cenfurer la conduite du Pere des Chrétiens, l'accufer de violer les droits de la Religion, d'en négliger les préceptes, d'en ternir la gloire, ou bien qu'ils conviennent donc que le divorce peut être patriqué par des Juifs en pays Chrétien, fans que la Religion du pays foit offenfée ou troublée pour cela.

Voudrions-nous donc être plus Chrétiens que le Souverain Pontife lui-même, ou nos Tribunaux feroient-ils plus févéres que ceux de l'Inquifition ? En quoi la Religion fouffriroit-elle du divorce que les Juifs pratiqueront à Metz, à Bordeaux, à Paris, plus qu'elle ne fouffre de ceux que les Juifs pratiquent à Naples & à Rome? La Religion n'eft-elle pas la même dans tous les pays, dans tous les climats; & ce qu'elle ne défend pas en Italie le défendroit-elle en France?

Mais les mœurs! les mœurs, s'écrie-t-on! * mais l'exemple fcandaleux du divorce! mais la décence publique!

Sans doute il y faut fonger. Sans doute que fi quelque hardi novateur, tout hériffé de fophifmes & de paradoxes, venoit nous inviter au divorce, nous en prôner les douceurs & les avantages, & nous exhorter à délivrer nos mariages de la chaîne indiffoluble qui les attache; les mœurs, l'exemple, la décence publique exigeroient alors que l'on s'oppofât à la publication d'une doctrine auffi funefte & auffi fcandaleufe. Mais où fera le fcandale, où fera l'indécence, où fera la corruption des mœurs, quand une poignée de Juifs, que nous avons eu la générofité d'admettre au milieu de nous, pourront y pratiquer un divorce permis par leurs Loix & conformes à leurs ufages? En quoi nos mœurs feront-elles offenfées parce que les mœurs des Juifs ne reffembleront pas aux nôtres? Quelle puérilité de craindre que la contagion de ces exemples ne nous féduife.... Qu'y a-t-il donc de commun entre nos mariages & ceux des Juifs? Chez eux le mariage eft-il un contrat auffi folemnel, auffi dépendant des formes légales, auffi fubordonné à la volonté des peres & des meres qu'il l'eft parmi nous? Chez eux le mariage eft-il un acte de Religion, une cérémonie fainte, un Sacrement augufte? Qu'y a-t-il entr'eux & nous, entre leurs unions paffageres & nos mariages permanens? Voit-on que la maniere plus facile dont ils les contractent nous féduife & nous entraîne? Voit-on que parce qu'ils ne dépendent que d'eux feuls pour en ferrer les nœuds, nous cherchions à nous fouftraire à l'autorité paternelle? Voit-

* Voyez le Plaidoyer & le Mémoire de la dame Sara.

on que parce qu'ils peuvent s'engager dans quel pays, à quel âge ils veulent, nous abandonnions nos foyers, nos paroiſſes & renoncions à la préſence néceſſaire de notre propre Paſteur? Voit-on que parce qu'ils épouſent la veuve de leur frere, même quand ils ſont déja mariés, nous épouſions plus d'une femme ou nos belles-ſœurs? Eh! ne faiſons pas cette injure aux Chrétiens! Ils ſçavent que leur Loi eſt bien différente de la Loi Juive; ils ſçavent que leur Sacrement de mariage eſt d'une nature à laquelle ne peut être comparé le lien purement civil des Juifs; ils ſçavent que l'état de la nation Juive exigeoit des ménagemens & des reſſources que la perfection à laquelle ils ſont appellés, ne peut comporter & permettre; ils ſçavent que les jours de ténébres, d'ombres & de figures ſont paſſés, & ils verront ſans ſcandale & ſans envie, les Juifs ſe marier ſelon leurs rits, répudier leurs femmes ſelon leurs rits, comme ils les voyent pratiquer la Circonciſion ſelon leurs rits, célébrer leur Pâques ſelon leurs rits, & attendre encore le Meſſie que nous adorons.

Mais le divorce eſt inique *, il eſt atroce, il eſt barbare. Il livre ſans défenſe le foible aux coups du plus fort; il aſſervit une malheureuſe victime aux injuſtes caprices d'un tyran; il deshonore une femme qu'il place au rang des concubines; il flétrit des enfans innocens qu'il met au nombre des bâtards; il produit tous les maux....

Le divorce ſera tout ce qu'il vous plaira, ce n'eſt pas à nous à le juſtifier; mais enfin tel qu'il eſt, il eſt la Loi des Juifs, il eſt l'uſage des Juifs, il eſt le privilége des Juifs, il eſt le droit des Juifs. Faites donc le procès à leur Légiſlateur, appellez-le inhumain, barbare, injuſte.... ou plutôt frémiſſez de cette accuſation que vous intentez à l'Etre ſuprême. Qui vous a dit que le divorce fût injuſte & barbare pour la nation à qui il a été donné ? Il le feroit pour vous ; mais l'étoit-il donc pour elle ? Aimeriez-vous mieux que ce peuple charnel eût porté son encens aux pieds des idoles plutôt que de se soumettre à un lien indissoluble qu'aucune nation ne connoissoit alors ? Aimeriez-vous mieux qu'il eût d'une main sacrilége attenté aux jours d'une épouse qu'il n'auroit eu aucun moyen légitime de renvoyer ? Adorez cette Providence qui se conforme aux temps, aux lieux & aux foiblesses de son peuple ; dites, dites plutôt : le divorce étoit nécessaire aux Juifs, Dieu le leur a accordé, laissons-leur donc ce triste privilége, & ne leur refusons pas ce que Dieu n'a pas cru devoir leur refuser lui-même.

Mais au fond, ce divorce que vous peignez si odieux a été néanmoins pendant quatre mille ans, une Loi connue de presque toutes les nations du monde. Sous les feux du midi comme dans les glaces du nord, en Afrique, en Europe, en Asie, il a été pratiqué jusqu'à la venue de Jesus-Christ ; & personne n'ignore que les Egyptiens, les Carthaginois, les Grecs, les Romains, &c. &c. avoient, comme les Juifs, des Loix expresses pour le permettre. Voit-on qu'il en soit résulté des effets aussi terribles que ceux qu'on lui impute ? Quel deshonneur imprime-t-il sur le front de la femme ? Aucun. Quel opprobre verse-t-il sur le sort des enfans ? Aucun. Les enfans restent ce qu'ils sont, ils portent le nom de leur pere, ils héritent de ses biens, & ils conservent tous les droits de leur naissance sans pouvoir jamais les perdre. La femme de son côté, ne perd ni sa qualité de mere ni sa qualité d'épouse ; elle perd seulement un mari, mais un mari avec lequel elle ne peut plus être heureuse ; mais un mari dont elle feroit le tourment, & qui feroit à elle même une occasion toujours renaissante de chagrin & de douleur. Elle n'acquiert pas plus le titre

honteux de concubine par la répudiation, qu'elle ne l'acqué-
reroit par la mort de fon mari. Les effets du divorce font les
mêmes que ceux de la mort ; ce n'est qu'une viduité qu'elle
éprouve.... Heureufe encore celle qui ne fépare que les cœurs
mal unis.

» Pour affurer à qui il appartient la vérité conftante, fin-
» cere & infaillible, & la rendre ainfi publique & notoire,
» je foufligné Rabin de cette Univerfité des Juifs de Rome,
» attefte & dépofe que le divorce & la répudiation (appellés en
» langue Hébraïque *G H E L T*,) admis par notre fainte &
» divine Loi Mofaïque & Rabinique, à l'effet de rompre,
» délier & affranchir d'un mariage légitime contracté entre
» mari & femme, *n'expofe à aucune ignominie, cenfure, tache*
» *ni défectuofité perfonnelle, leurs enfans propres & légitimes,*
» pourvu toutefois que lefdites parties foient unies par un ma-
» riage légitime, & que lefdits enfans ne foient pas nés illé-
» gitimes (ce qu'on appelle en Hébreu *Mamferim* *) lefquels,
» foit qu'ils foient mâles ou femelles, font exempts de toutes
» & de chaque cenfure & ignominie perfonnelle, quoique
» leurs auteurs où peres & meres ayent paffé entr'eux ledit
» acte de divorce, *& lefdits enfans ne font abfolument préju-*
» *diciés ni dans leur naiffance légitime ni dans leur honneur*
» *perfonnel.*

» En outre je, Rabin foufligné comme deffus, certifie &
» attefte pareillement en témoignage de vérité réelle & incon-
» teftable, que quand bien même il s'enfuivroit entre lefdits
» époux la rupture & la diffolution de leur mariage légitime
» au moyen du divorce & de la répudiation (appellé en Hé-
» breu *G H E L T*) fait avec les formalités & folemnités, &
» fuivant la coutume de notre fainte & divine Loi Mofaïque
» & Rabinique, préfcrites par les faints Auteurs Jurifconfultes

» dans

* *Mamferim*
fignifie Bâtard.

» dans leurs dignes ouvrages; les enfans propres & légitimes
» qu'ils auroient eu dans leurdit mariage légitime, n'éprou-
» veroient aucun préjudice dans leur fucceſſion paternelle &
» maternelle, au cas où leurs parens viendroient à décéder,
» leſdits enfans propres ne regardant nullement la rupture &
» la diſſolution du mariage de leurs auteurs; la liaiſon du ſang
» qui exifte entr'eux étant un droit de la nature, qui, comme
» tel, eſt indeſtruĉtible; ce que j'aſſure & atteſte dé ſcience
» certaine en témoignage de vérité, afin que la préſente queſ-
» tion foit connue de tous & chacun, & en foi de ce j'y ai
» mis ma ſignature propre. Ce douze Janvier mil ſept cent
» ſoixante-dix-neuf. *Signé* PROSPERO DA CASTRO, Rabin
» ſuſdit.

» Au nom de Dieu, ainſi ſoit-il. Sçavoir faiſons à tous par
» le préſent aĉte public, que l'an de grace mil ſept cent ſoi-
» xante-dix-neuf, Indiĉtion XII, le douzieme jour dé Jan-
» vier, la quatrieme année du Pontificat de notre très-Saint
» Père le Pape Pie VI, pardevant moi & en préſence des
» témoins deſſous mentionnés, eſt comparu magnifique Prof-
» per de Caſtro, fils de Sauveur Refrent, Romain, de moi
» connu, lequel a de ſon plein gré & avec le ſerment ordi-
» naire, après avoir touché la plume, reconnu & reconnoît
» les ſuſdits main, lettres & caraĉteres du certificat ci-deſſus,
» & a aſſuré par un ſemblable ſerment que toutes & chacune
» des choſes y contenues & exprimées, ont été & ſont vraies,
» & a juré de même après avoir touché la plume ſuivant l'uſage.
» Fait à Rome dans mon étude, &c. Je Marc Conflenti,
» Citoyen Romain, & par la grace de Dieu & l'autorité du
» Saint-Siége, Avocat de la Cour du Capitole, Notaire du
» Collége, de ce requis, ai ſigné le préſent aĉte & l'ai muni
» de mon ſceau en témoignage de vérité, &c. &c. lequel

H

certificat eſt de plus atteſté par le Conſul de France à Rome, & ſcellé du ſceau Royal du Conſulat.

Que de traits il faut donc retrancher aux tableaux pathé-tiques du ſort de la dame Sara Mendès d'Acoſta, que ſon Défenſeur a tracés avec tant d'éloquence! Quel deshonneur, quel opprobre, quelle flétriſſure éprouvera-t-elle par le di-vorce? En ſera-t-elle moins pure, moins modeſte, moins vertueuſe, en aura-t-elle moins toutes les qualités, toutes les perfections qu'elle s'attribue avec tant de pompe? Si le ſieur Peixotto étoit mort, ſeroit-elle donc deshonorée pour avoir été ſa femme? Eh bien il ſera mort pour elle, il ne ſera plus ſon époux; & cet époux avec qui elle n'a jamais pu vivre en paix; cet époux qu'elle a juré de ne plus voir, de ne plus con-noître; cet époux qu'elle a perſécuté & diffamé avec achar-nement; cet époux dont elle demande d'être juridiquement ſéparée; cet époux qu'elle n'enviſage plus que comme un per-fide, un traître, un ſcélérat, un monſtre, un tigre; cet époux ſera-t-il donc tant à regretter pour elle? Heureuſe d'avoir briſé les chaînes de fer dont elle ſent toute la péſan-teur, elle pourra, au lieu des larmes, des chagrins, des dé-ſolations dont elle dit que le ſieur Peixotto s'eſt plû à la raſ-faſier, rouvrir encore ſon ame à l'eſpérance & au bonheur. Ses enfans n'en ſouffriront pas davantage, & leur ſort ne ſera changé en rien; ils recevront la même éducation qu'ils re-çoivent aujourd'hui; ils conſerveront les mêmes droits, les mêmes reſſources qu'ils ont aujourd'hui, & ils porteront le même nom qu'ils portent aujourd'hui; ils hériteront de leur mere; ils hériteront de leur pere; & les cruelles diſſentions qui ont régné entre les auteurs de leurs jours ne leur ſeront pas plus funeſtes, ſoit qu'elles ayent opéré réellement le di-vorce, ſoit qu'elles n'ayent fait que le provoquer & le rendre néceſſaire.

Au refte , nous le répétons , le divorce fera auffi cruel , auffi injufte que vous le fuppofez ; & nous conviendrons avec vous de tous fes effets odieux ; mais enfin , tel qu'il eft , il a été permis aux Juifs ; tel qu'il eft , il a été de tous temps en ufage chez les Juifs ; tel qu'il eft , il eft adapté & conforme aux mœurs des Juifs. Banniffez - le de vos Etats , banniffez-le de vos Loix , banniffez-le de vos mœurs , vous qui en connoiffez tous les dangers , & pour qui il feroit un crime ! Mais comme ce n'eft pas vous qui avez dicté les Loix des Juifs ; comme ce n'eft pas vous qui êtes chargé du foin de les réformer ; mais comme c'eft vous qui avez admis les reftes malheureux de ce peuple difperfé à exifter *felon leurs Loix & leurs ufages* , ne leur interdifez donc point ce qui eft conforme à ces ufages & à ces Loix , & n'allez pas fur-tout leur oppofer les idées & les principes que vous avez puifés dans une lé- giflation facrée pour vous , mais étrangere pour eux , & qui font auffi oppofés aux maximes & aux principes de leur lé- giflation propre , que le ciel l'eft à la terre , que l'erreur l'eft à la vérité !

Plufieurs perfonnes nous ont fait une derniere objection qu'il eft effentiel de réfoudre. Il eft jufte , nous ont-elles dit , puifque le Gouvernement a autorifé les Juifs à vivre en France *felon leurs ufages* , de les juger d'après leurs Loix & non pas fuivant les nôtres ; il eft jufte , par conféquent , de ne pas leur enlever la faculté du divorce puifque leur Loi la leur a ac- cordée. Mais ces licences de leur Loi ne devroient-elles pas être renfermées dans le fecret de leur Synagogue , & nos Tribunaux font-ils faits pour en connoître ? Eft-ce à nos Ma- giftrats qu'il appartient d'admettre , d'approuver , ou d'or- donner l'exécution d'un ufage auffi effentiellement oppofé à nos ufages , à nos mœurs , à nos Loix , à notre Religion ?

Faudra-t-il que ce foit des Tribunaux Chrétiens & François, qu'émane l'ordre de pratiquer ce que les Loix Chrétiennes & Françoifes condamnent & réprouvent de concert ?

En applaudiffant au zèle qui a dicté cette objection, qu'il nous foit permis de rappeller à ceux qui la propofent l'état actuel des Juifs en France & les conditions fous lefquelles ils y ont été reçus. A-t-on établi pour ce peuple une Jurifdiction particuliere compofée de leurs Anciens & de leurs Rabins, à laquelle duffent reffortir toutes les difcuffions qui pourroient s'élever entr'eux relativement à leurs Loix, à leurs mœurs, à leurs ufages ? Leur a-t-on laiffé le pouvoir de rendre des Arrêts, le pouvoir de les faire exécuter, & le pouvoir de contraindre ceux de leurs membres qui refuferoient de s'y foumettre ? N'eft-ce pas à nos Tribunaux que l'autorité fouveraine a attribué la compétence de tous les procès Juifs comme celle de tous les procès des citoyens ? N'eft-ce pas à nos Tribunaux que les Lettres patentes ont été adreffées à cét égard, depuis celles de Henri II, qui ont été enregiftrées au Parlement de Paris en 1550, jufqu'à celles de Louis XVI, qui ont été enregiftrées au Parlement de Bordeaux en 1777 ? Quel droit, quelle autorité auroient donc les Synagogues pour rendre des décifions, même fur des points purement Judaïques ? Et fur-tout quelle force coactive auroient-elles pour les faire mettre à exécution ? Seroit-il même convenable qu'elles jouiffent de ce droit fuprême & de cette force coactive qui font un effet & une émanation de l'autorité royale ? Eft-ce donc à un peuple dont les mœurs font fi oppofées à nos mœurs, dont le code légiflatif eft fi contraire à notre code national, dont le culte figuratif eft fi différent de notre Religion fainte, qu'il faudroit accorder un droit auffi puiffant & auffi redoutable que celui d'exercer la Juftice ? Non. Donner un afyle aux Juifs étoit un acte de générofité & de bienfaifance. Leur permettré de vivre *fuivant leurs ufages*, & d'être jugés entre eux fuivant ces mêmes ufages, étoit un acte d'humanité, & peut-être de droit naturel. Mais donner aux Juifs un Temple, un Culte, des Prêtres, des Magiftrats de leur nation (1), un pouvoir coactif & fuprême, ce feroit un acte de politique fauffe, de complaifance dangereufe, & qui pourroit un jour

---

(1) Ce feroit une difcuffion intéreffante de rechercher dans l'Hiftoire des nations jufqu'à quel temps les Juifs ont confervé au milieu d'elles le droit de rendre la Juftice & de faire exécuter leurs Arrêts. Mais cette recherche n'eft pas de notre fujet. Ce droit des Juifs finit en Efpagne en 1380, par le crime commis en la perfonne d'un des auteurs du fieur Peixotto. « Un événement, dit Mariana *, vint *Liv. XI; » troubler alors la joie publique. Un Juif, célèbre par fes emplois & fes grandes ch.IV, tom. 3. » richeffes, nommé Jofeph Pichot, (le nom du fieur Peixotto écrit en Efpagnol » Pixhotte, fe prononce en François Pichot ou Pèchot) avoit l'intendance des » finances, emploi qui le mettoit en grand crédit auprès du Roi, & lui donnoit » beaucoup d'autorité, (les Juifs étoient alors Miniftres en Efpagne, comme ils » le font encore à Maroc & chez le Grand-Seigneur). Quelques-uns des princi- » paux de cette Religion, par envie & par jaloufie, complotèrent de l'affaffiner; » on obtint du Roi, fans qu'il le fçût & fans qu'il prît garde à ce qu'il fignoit, » un Arrêt par furprife, qui condamnoit ce Juif à la mort. Un Huiffier royal, ou » trompé par ce faux Arrêt, ou corrompu par une grande fomme d'argent, s'étant » mis à la tête d'une troupe d'Huiffiers, s'en alla, à main forte, faire une irruption » dans la maifon de l'Intendant des Finances qui fut maffacré fur le champ. La » fourberie ayant été découverte, les auteurs du crime furent punis comme ils » le méritoient; & l'on ôta le pouvoir aux Juifs de faire mourir à l'avenir ceux » de leur nation; ce qui leur avoit été accordé pendant les règnes précédens. » On voit de quelle confidération jouiffoit ce Jofeph Pichot, puifque fa mort fut un événement que la nation entière regarda comme malheureux pour elle. La famille du fieur Peixotto, très-diftinguée parmi les Juifs, eft une de celles qui font géné- ralement reconnues pour defcendre de la race d'Aaron. La dame Sara d'Acofta ne peut l'ignorer. Comment donc ne fçait-elle pas auffi qu'il eft févèrement in- terdit aux defcendans d'Aaron, d'époufer une femme répudiée, ou même de re- prendre celle qu'ils auroient répudiée eux-mêmes, quand même le libelle de di- vorce n'auroit pas été revêtu de toutes les formes prefcrites? La dame Sara d'Acofta ofera-t-elle tout contefter, jufqu'à ces principes généralement reconnus par tous les Rabins & toutes les Synagogues?

exciter les plus grands troubles chez la nation imprudente qui les lui auroit accordés. Que les Juifs foient donc jugés par nos Tribunaux, puifque nos Tribunaux feuls peuvent donner à une décifion quelconque, la fanction du pouvoir & la force de l'autorité publique. Les Rabins régleront entre eux la forme de leur culte; de leurs rits, de leurs cérémonies; ils chercheront à réunir ceux d'entre leurs freres que la difcorde a féparés. Mais, encore une fois, que leurs opinions particulieres n'obtiennent jamais d'être marquées, fi ce n'eft par un Tribunal François, du fceau de l'autorité publique & du pouvoir de la Loi.

A Strasbourg, à Metz, à Bordeaux, dans ces Villes où les Juifs réunis en plus grand nombre, ont des droits plus marqués, & tiennent publiquement leurs finagogues; on voit quelquefois les Rabins prononcer fur les conteftations qui s'élevent entre les Juifs; mais leurs décifions ne font pour ainfi dire que des avis, que des confeils particuliers qui n'obligent que ceux qui veulent bien s'y foumettre. C'eft le Parlement qui en les caffant, ou en les confirmant enfuite, les rend obligatoires ou nulles, & c'eft de cette autorité françoife qu'elles empruntent la force que n'a pu leur donner leur origine Juive.

Mais quelles maximes, quelles loix fuivent les Parlémens de Metz & de Bordeaux, dans l'examen fréquent qu'ils font de la juftice ou de l'injuftice de ces décifions rabiniques? Les jugent-ils felon les loix de la France, ou d'après les loix & les ufages des Juifs? En 1768, une femme Juive fe préfenta au Parlement de Bordeaux. Elle avoit perdu fon époux, & cet époux avoit un frere. Or, c'eft une loi parmi les Juifs que le frere d'un mari mort fans enfans, foit tenu d'époufer fa veuve; ou bien s'il refufe de faire ce mariage, il doit comparoître à la porte de la ville, s'asseoir sur une pierre, & là, en présence des vieillards, la belle sœur dédaignée lui ôte ignominieusement son soulier, & lui crache au visage. Cette femme demandoit donc, ou que son beau-frere l'épousât, ce que celui-ci ne vouloit pas ; ou qu'il subît la peine de se voir ôter son soulier, & cracher au visage, ce qu'il ne vouloit pas davantage. Les rabins jugerent la punition nécessaire. & indispensable ; mais le beau-frere n'en tint compte ; & l'affaire fut portée au Parlement de Bordeaux.

Que fit alors le Parlement ? S'il eût voulu suivre dans cette affaire les loix & les usages de la France, il eût proscrit sans examen une demande qui leur est aussi essentiellement op-posée, & rejetté avec dédain un genre de punition qui n'a rien de commun avec nos mœurs. Mais c'étoit les loix, c'étoit les usages, c'étoit les mœurs des Juifs sur lesquels cet auguste Tribunal vouloit régler son opinion, & fonder son arrêt ; en conséquence, il ordonna que le beau-frere seroit contraint, même par corps, de subir la punition portée par la loi des Juifs.

Voilà donc un Tribunal Souverain qui adopte les maximes & les usages Juifs, pour prononcer sur les contestations qui s'élevent entre les Juifs. Qu'importe que l'Arrêt n'ait pas laissé au mari l'alternative d'épouser la veuve, ou de subir l'igno-minie du soulier arraché (1) ? Il n'en est pas moins vrai

_____

(1) La dame Sara d'Acosta fait grand bruit de l'omission de cette alternative. Le Parlement, en conclut-elle, n'a donc pas cru devoir forcer un homme déja marié à épouser une seconde femme. Mais cette conséquence est absolument fausse. 1°. Si le Parlement ne l'a pas obligé à faire un second mariage, c'est que la loi de Moïse elle-même ne l'y oblige pas, du moins au for extérieur ; la preuve en est sensible, puisque cette loi prononce une punition contre celui qui ne se marie pas ; on est donc libre de se marier ou de ne pas se marier, tout ce que l'on risque en ne se mariant pas, c'est d'encourir & de supporter

que l'Arrêt a ordonné ce qui est défendu par nos loix & ce qui est contraire à nos mœurs ; car, qu'y-a-t-il de plus opposé aux unes & aux autres, que de prononcer une punition contre un homme qui refuse d'épouser sa belle-sœur ?

Pourquoi donc le divorce, également contraire à nos mœurs, mais également conforme à la loi des Juifs, seroit-il jugé par des principes différents ? Pourquoi ce qu'un Tribunal a prononcé sur une matiere aussi essentielle, ne seroit-il pas semblable à ce qu'un autre Tribunal doit prononcer sur une matiere de même espece & de même nature ? Le divorce n'est-il pas permis aux Juifs ? N'est-ce pas suivant leurs loix & leurs usages qu'il faut juger les Juifs ? Ou y a-t-il différents poids & différentes mesures, pour régler tantôt d'après leur légiflation, tantôt suivant la nôtre, les contestations qui s'élevent entr'eux ?

Laissons, laissons donc nos Tribunaux François s'occuper du divorce judaïque, puisque c'est à eux seuls, & non aux rabins qu'il appartient d'en connoître & de le juger définitivement ! Laissons-les permettre aux Juifs cet usage conforme à leur loix, de la même voix & avec la même assurance qu'ils maintiennent & font régner en France l'indissolubilité du mariage ! Au moment où les Magistrats montent sur leur Tribunal pour examiner ces discussions étrangeres, le code de leur nation se ferme, & celui de Moïse vient se présenter à eux pour servir d'appui & de fondement à leur arrêt. Ce ne sont plus des François qu'ils jugent, ce sont des Juifs. Qu'ils

la peine de la loi. 2°. L'alternative est de droit, & n'a pas besoin d'être exprimée. 3°. Si le Parlement avoit jugé l'alternative impossible, il auroit donc condamné un homme, parce qu'il n'avoit pas fait ce qu'il lui étoit impossible de faire . . . . ce qui est injurieux & absurde.

oublient

oublient donc les loix de la France . . . . , ou plutôt qu'ils s'en
souviennent ; qu'ils se rappellent que ces loix douces, paisibles,
généreuses, ont admis les restes d'un peuple dispersé à vivre,
sous l'empire d'une volonté & d'une législation qui leur est
contraire ! qu'ils se souviennent que pour qu'il soit possible à
ce peuple de vivre *selon ses usages*, il faut qu'il soit jugé *selon
ces mêmes usages !* qu'ils se souviennent enfin que la justice
est de toutes les nations, qu'elle est due à tous les peuples,
qu'elle embrasse dans l'immensité des temps ce qui a été, comme
ce qui est, qu'elle n'est circonscrite dans aucun espace, & que
c'est toujours être Chrétien & François, que d'être juste
envers ceux qui ont le malheur de ne connoître ni les loix du
Christianisme, ni des loix de la France.

Monsieur DE SAINT-FARGEAU *Avocat du Roi.*

FOULLON, Procureur.

POSTSCRIPTUM.

Les plaidoieries ont entiérement changé le systême de la
dame Sara Mendés d'Acosta. On lui a démontré d'une maniere si palpable que sa demande en séparation étoit absolument contraire à la Loi Juive, qu'elle a pris le parti de s'en
désister, & elle en a donné le désistement à l'audience, & par
écrit. Ces variations prouvent combien ces prétentions étoient
peu réfléchies & mal fondées. Mais que demande-t-elle donc
à présent, & qu'attend-elle du Tribunal dont elle implore encore l'autorité ? C'est elle qui a formé la demande & introduit
l'instance au Châtelet. Le sieur Peixotto n'y a comparu que
pour se défendre ; dès qu'elle ne demande plus rien, que reste-
t-il à juger ?   I

Le libelle de divorce a précédé la demande en féparation. Le droit du fieur Peixotto eft donc indépendant de cette demande. Il eft bien vrai qu'elle étoit une preuve vivante & de la légitimité, & de la néceffité même de ce divorce; mais, foit qu'elle fubfifte, foit que le défiftement en ait été fait, les motifs fur lefquels ce divorce eft appuyé, n'en font ni moins vrais, ni moins forts. Que la dame Sara Mendés d'Acofta n'imagine donc pas avoir nui aux droits du fieur Peixotto par ce défiftement artificieux : elle n'a fait que prouver combien les fiens font peu réels ; mais ceux du fieur Peixotto fubfiftent dans toute leur étendue. C'eft la Loi qui les lui donne, c'eft la Loi qui les lui maintiendra, c'eft de la Loi feule qu'ils dépendent, & non de l'inconftante volonté de la dame Sara Mendés d'Acofta.

Et voilà cependant où devoient aboutir toutes les injures éloquentes dont elle a accablé fon infortuné mari ! Ce barbare avec qui il n'étoit pas poffible de vivre ; ce monftre qui avoit étouffé tous les fentimens de l'humanité & de la nature ; ce tigre qui fe faifoit un jeu de la plonger dans les larmes, & de la réduire au défefpoir ; .... eh ! bien, tout cela finit par un défiftement ! tout cela fe termine par dire : reprenez-moi, maintenant je veux vivre avec vous. N'étoit-ce donc que pour fatisfaire la haine qu'elle porte au fieur Peixotto & avoir le prétexte de le diffamer avec éclat, qu'elle demandoit une féparation, qu'elle favoit bien être auffi contraire à la Loi qu'elle profeffe, qu'injurieufe au mari qu'elle perfécute & qu'elle outrage (1) ? Mais qu'elle fe fouvienne de tous fes titres

_____

(1). Le fieur Peixotto ne répondra rien à toutes ces injures. Le mépris eft la feule maniere de les réfuter. Appellé dans la Capitale pour fervir aux vues du Gouvernement, dans des opérations de finance relatives aux monnoies, il a eu le bonheur de mériter les fuffrages des Miniftres qui l'ont employé ; & ce n'eft qu'en fe rendant utile, qu'il s'efforcera de détruire les abfurdes calomnies de la dame Sara d'Acofta. C'eft ainfi qu'il eft beau de confondre la haine & l'impofture.

pour obtenir, malgré son défistement, une séparation d'un autre genre; non pas celle qui est connue en France & qu'elle
avoit demandée, mais celle qui appartient à la légiflation de
Moïse, celle que les Juifs ont le droit de pratiquer, celle qui
brife & rompt tous les nœuds qui attachoient les époux, celle
dont le fieur Peixotto lui a donné le libelle, le divorce, en un
mot; . . . . . . qu'elle penfe à elle; qu'elle fe rappelle . . . . jufqu'à fes fentimens pour le fieur Peixotto, & qu'elle convienne
que jamais divorce n'a été plus jufte, que celui dont elle a cent
fois mérité de fupporter toute la rigueur, & qui a enfin rompu
tous les liens qui exiftoient entre elle & le fieur Peixotto.

FOULLON, Procureur.

A PARIS, chez P. G. SIMON, Imprimeur, du Parlement,
rue Mignon Saint André-des-Arcs, 1779.